Olga Zaslavsky

·

Poets on Poets

The Epistolary and Poetic Communication of Tsvetaeva, Pasternak, and Rilke

Peter Lang Publishing

New York

2017

Ольга Заславская

·

Поэты о поэтах

Эпистолярное и поэтическое общение Цветаевой, Пастернака и Рильке

Academic Studies Press

Библиороссика

Бостон / Санкт-Петербург

2023

УДК 821.161.1+82-6
ББК 83.3(83.3стд1-8)
336

Перевод с английского Ирины Блиновой

Серийное оформление и оформление обложки Ивана Граве

В оформлении обложки использована иллюстрация Лилии Левин

Заславская, Ольга

С54   Поэты о поэтах. Эпистолярное и поэтическое общение Цветаевой, Пастернака и Рильке / Ольга Заславская ; [пер. с англ. И. Блиновой]. — СПб.: Academic Studies Press / Библиороссика, 2023. — 198 с. — (Серия «Современная западная русистика» = «Contemporary Western Rusistika»).

ISBN 979-8-887192-62-8 (Academic Studies Press)
ISBN 978-5-907532-76-2 (Библиороссика)

Книга Ольги Заславской посвящена сложному взаимодействию читательского и творческого опытов поэтов «великого треугольника» (по выражению Иосифа Бродского) — Цветаевой, Пастернака и Рильке. Заславская рассматривает творчество этих авторов в период между 1926-м годом, годом их тройственной переписки, и 1930-м, годом публикации «Охранной грамоты», показывая, как возникала взаимозависимость поэтических образов, как поэтические монологи превращались в посвящения и литературные диалоги. Также в книге уделяется внимание взаимодействию литературных реалий и культурных мифов — прежде всего, мифа Пушкина, который породил и поддержал один из интереснейших поэтических разговоров XX столетия.

УДК 821.161.1+82-6
ББК 83.3(83.3стд1-8)

ISBN 979-8-887192-62-8
ISBN 978-5-907532-76-2

От автора

Данное исследование — отредактированная и дополненная диссертация, которую я защищала в Пенсильванском университете на английском языке в середине 1990-х годов. Фрагменты этой книги уже появлялись в печати под названиями «In Defense of Poetry: Cvetaeva's Poetic Wires to Pasternak» [Efimov 1998]; «Empathic Attunement: Cvetaeva's and Pasternak's Literary Tributes to Rilke» [Special Issue 2009]; «Поэтический "треугольник" Цветаевой, Пастернака и Рильке: оценка в России и на Западе» [Chroniques 2009]. «Lera Auerbach's Symphonic Interpretation of Tsvetaeva's poem, Novogodnee» (неопубликованный доклад на конференции AATSEEL'13). Данная книга содержит перевод монографии, вышедшей на английском языке в издательстве «Peter Lang» в 2017 году. Также, вслед за публикацией этой книги, вышла моя статья «Наши Беллевю и Бельведеры: Цветаева и споры с окружающей ее эмиграцией» (материалы сборника конференции «Той России — нету. — Как и той меня». Дом-музей М. Цветаевой. М., 2021).

Благодарности

В первую очередь я благодарна Центру российских и евразийских исследований им. Дэвис в Гарварде за возможность продолжать исследовательскую работу и расти профессионально. Я многим обязана Ольге Петерс Хейсти, бывшей научной руководительнице моей диссертации, сегодня почетному профессору университета Принстон, за первоначальную помощь в понимании поэзии Марины Цветаевой и многолетнее научное руководство. Я чрезвычайно благодарна почетному профессору Пенсильванского университета Питеру Стайнеру и почетному профессору университета Индианы Нине Перлиной за поддержку. Также я благодарю доктора Александру Смит за бесценные комментарии и сведения по теме моей работы. Я с гордостью и благодарностью вспоминаю свою переписку с такими авторитетными исследователями творчества Цветаевой, как профессор Вероника Лосская и доктор Елена Коркина. Я чрезвычайно обязана исследователю творчества Рильке и переписки трех поэтов Константину Азадовскому, ответившему на мои вопросы о том, как она стала доступна читателям.

Я хотела бы поблагодарить моих друзей, не связанных непосредственно с данной областью исследований, за их интерес и поддержку. В особенности это относится к Лилии, Мари-Терез, Сигрид, Ирине, Рене, Стелле, Римме и Наталии. Огромная благодарность Эдмунду Левину за внимательное чтение окончательного англоязычного варианта монографии. Члены моей семьи, мои дети, в особенности дочь Мария, тоже заслуживают похвалы и благодарности за помощь в редактировании рукописи. Также нужно отметить поддержку Алекса и Майкла, помогавших разрешать трудности в процессе написания рукописи. Спасибо моим родителям, растившим меня в атмосфере литературы и музыки; с особой благодарностью вспоминаю помощь мамы, которая годами поддерживала меня в работе над этой книгой.

За время, прошедшее с момента, когда я заинтересовалась этой темой, и до завершения рукописи у меня была уникальная возможность услышать выдающиеся доклады на конференциях и иногда общаться напрямую с их авторами — учеными К. М. Азадовским, Е. Б. Пастернаком и Е. В. Пастернак и крупнейшим поэтом Иосифом Бродским, которые занимались истолкованием этой уникальной переписки. Я благодарна и счастлива, что стала свидетелем редких моментов сотворения истории литературы.

Спасибо за разрешения на цитирование отрывков из следующих текстов в первоначальном англоязычном издании:

Barnes C. Boris Pasternak. The Voice of Prose. New York: Grove, 1986. Перепечатано с разрешения К. Барнса.

Marina Tsvetaeva, Selected Poems / Trans. D. McDuff. Newcastle upon Tyne: Bloodaxe Books, 1991.

Ciepiela C. The Same Solitude. Ithaca, NY: Cornell University Press, 2006. Разрешение на цитирование перевода К. Чипела стихотворения М. Цветаевой «С моря» получено от Кэтрин Чипела.

Rilke R. M. The Selected Poetry of Rainer Maria Rilke / Trans. D. Mitchell. S. Robert Hass (введение). New York: Random House, 1982. Перепечатано с разрешения С. Митчелла и издательства «Random House».

Marina Tsvetaeva, Wires. After Russia / Trans. M. Naydan. Ann Arbor: Ardis Publishers, 1992. С разрешения М. Найдана.

Пастернак Б. Полное собрание сочинений в 11 томах. М.: Слово, 2004. Цитируется с разрешения Е. В. Пастернак.

Boris Pasternak, Marina Tsvetaeva, Rainer Maria Rilke: Letters Summer 1926 / Trans, M. Wettlin, W. Arndt and J. Gambrell. New York: NYRB, 2001. Разрешение на цитирование переводов Цветаевой и Рильке Вальтера Арндта, перепечатанных с позволения наследников В. Арндта.

Автор признательна за научные консультации в процессе получения разрешений профессорам Сибелан Форрестер из Свартмора, Карен Эванс Ромейн из университета Висконсин-Мэдисон, а также профессорам Майклу Вахтелю из Принстонского университета и Барри Шерру из Дартмутского колледжа.

Введение

31 августа 1941 года — трагическая дата в жизни Марины Цветаевой, одного из величайших поэтов XX века. В этот день она повесилась в Елабуге, небольшом городе в Татарстане, где во время Второй мировой войны находился один из эвакуационных пунктов Советского Союза[1]. Она надеялась освободить от своего мучительного существования сына Георгия (Мура) Эфрона[2]. Цветаеву привела к страшному концу эпоха, разрушившая много жизней. Марина Цветаева оставила богатейшее поэтическое, прозаическое и эпистолярное наследие[3]. Русский поэт в первую и главную очередь, она прекрасно владела европейскими языками с раннего детства — немецким и французским — и была преданным ценителем европейской литературы. Оказавшись в эпоху между Русской революцией и Второй мировой войной в разных частях России, затем Европы и вновь России, она переживала периоды величайшего творческого подъема и продуктивности наряду с моментами почти самоубийственного отчаяния, как в изгнании, так и в собственной стране. 1926 год, который свел ее с двумя другими светилами поэзии, русским поэтом Борисом Пастернаком и рожденным в Праге немецким поэтом Райнером Марией Рильке, был для нее одним из самых плодо-

[1] См. [Швейцер 2002: 653].

[2] Цветаева провела последние дни в Елабуге, куда была эвакуирована из Москвы летом 1941 года с сыном в числе группы писателей из-за наступления гитлеровской Германии на СССР.

[3] Во времена Хрущева и позднее памяти Цветаевой в России посвятили несколько музеев, памятников и художественных произведений. В 1982 году ее именем была названа малая планета, открытая двумя русскими женщинами-астрономами. URL: http://ru.wikipedia.org/wiki/Цветаева,_Марина_Ивановна (дата обращения: 16.12.2021); [Ciepiela, Smith 2013: 493–496].

творных[4]. В меньшей степени он был таковым для Бориса Пастернака, которого мучили сомнения в собственной поэтической одаренности. По сути, именно Пастернак инициировал трехсторонний диалог между Цветаевой, Рильке и собой из личных и творческих побуждений[5].

Переписка резко оборвалась из-за болезни Рильке и его последующей смерти от лейкемии. Но за несколько месяцев до того, как сдаться болезни, он еще мог отвечать Цветаевой как в письмах, так и в посвященной ей поэме. Рильке увлекся Россией еще почти 30 годами ранее, поэтому он был рад общению с двумя молодыми русскими поэтами подобного масштаба. В целом, помимо значительного количества писем, это взаимодействие вызвало к жизни поток поэтических и прозаических произведений, таких как стихотворения и поэмы, адресованные Цветаевой и Пастернаком друг другу, а также написанная Рильке «Элегия Марине Цветаевой-Эфрон» («Elegie an Marina Zwetajewa-Efron», 1926) [«Элегия». Рильке 1971: 354][6]. После кончины Рильке Цветаева сочинила апострофу (поэтическое обращение к отсутствующему собеседнику) к нему, поэму «Новогоднее» (1927), и прозаическое произведение «Твоя смерть» (1927), и, наконец, Пастернак написал произведение в прозе, посвященное памяти Рильке, под названием «Охранная грамота» (1930)[7].

---

[4] См. три основных издания переписки трех поэтов на немецком, русском и английском языках в библиографии.

[5] Там же. Переписка Цветаевой и Пастернака началась в 1922 году, задолго до начала трехсторонней переписки. См. [Коркина, Шевеленко 2004].

[6] Общее количество писем в последнем издании переписки трех поэтов достигает 40, из них 12 — письма Пастернака Цветаевой, 13 — письма Цветаевой Пастернаку (издатели упоминают о 18 письмах этого периода, но включены только 13), девять писем Цветаевой к Рильке и шесть писем Рильке к Цветаевой. Было также важнейшее письмо Пастернака к Рильке, на которое тот ответил единственным письмом. История публикации переписки, включающая упоминание роли Ариадны Эфрон, дочери Цветаевой, детально описана в предисловии к [Азадовский 2000], см. в особенности с. 26, 27, а также в [Азадовский 1992].

[7] Два главных произведения в этой переписке, «Новогоднее» Цветаевой и «Элегия Марине Цветаевой-Эфрон» Рильке, входят во все основные ее издания. Кроме того, обычно в них включается прозаическое произведение «Твоя смерть» Цветаевой.

Тройственная переписка поэтов и появившиеся в результате литературные произведения переведены на все основные европейские языки и привлекли внимание крупнейших критиков и ученых. В особенности среди занимавшихся этой темой литературоведов выделяется имя К. М. Азадовского. Он не только вынес эту переписку из архивов, представив ее читателям в России и на Западе, но также первым рассказал своим современникам о связи Рильке с Россией[8]. В 1970-х, в глухие брежневские годы, Азадовский выступал перед аудиторией в тогдашнем Ленинграде с чтением переписки Цветаевой и Рильке, что требовало немалого мужества, поскольку все западное, столь явно далекое от всего советского, вызывало неодобрение властей. Его чтения посещали любители литературы, которых привлекал, по словам самого Азадовского, особенный «несоветский» дискурс, привычно подавляемый властями. В начале 1980-х годов филолог оказался в заключении по сфабрикованному обвинению в хранении наркотиков[9]. Представители интеллигенции, знакомые с его лекциями, считали, что именно их содержание, подчеркивающее влияние Запада, вызвало недовольство властей[10]. Примерно в то же время, когда на Азадов-

---

[8] См. библиографию к изданиям под ред. К. М. Азадовского. О его лекциях в Ленинграде 1970-х годов см. в [Reinhard 1981: 241–243]. 19 марта 2014 года в интервью Colta.ru ведущий исследователь творчества Цветаевой Е. Коркина рассуждает об истории архивной работы с наследием Марины Цветаевой. Она также отмечает, что, если бы вся «тройственная» переписка поэтов была передана дочери Цветаевой Ариадне Эфрон, читающая публика, скорее всего, не имела бы к ней доступа до конца XX века, «а сын Пастернака этого делать не хотел. Потому что она ведь все в архиве запрет» (URL: http://www.colta.ru/articles/literature/2520 (дата обращения: 17.05.2022)). Проведя годы в лагерях и вернувшись оттуда, Ариадна Эфрон стала одним из самых преданных хранителей наследия своей матери. Однако именно она ответственна за то, что многие из писем Цветаевой не были доступны для широкой публики до 2000 года. Окончательная публикация переписки трех поэтов в конце 1970-х годов — заслуга семьи Пастернак.

[9] См. письмо И. Бродского издателю: URL: http://www.nybooks.com/articles/archives/1981/oct/08/the-azadovsky-affair (дата обращения: 17.05.2022), где он предполагает, что причиной ареста Азадовского стала публикация переписки трех поэтов в Италии.

[10] Об этом я узнала из личной переписки с К. Азадовским зимой 2011 года. См. также URL: http://www.nybooks.com/articles/archives/1981/apr/30/the-arrest-of-azadovsky (дата обращения: 17.05.2022), письмо от апреля 1981 года издателям

ского было заведено дело, уже уехавший в США нобелевский лауреат по литературе 1987 года Иосиф Бродский написал обширный комментарий к цветаевскому «Новогоднему»[11]. В нем он подчеркивал преобразующую силу цветаевского стихотворного посвящения — элегия на смерть Рильке становится утверждением жизни и самой поэзии. Спустя десятилетие на конференции в Амхерсте, США, посвященной столетию со дня рождения Цветаевой, в присутствии признанных специалистов по ее творчеству, включая и Азадовского, Иосиф Бродский продемонстрировал, что интертекстуальная и посвященческая связь между творениями всех трех поэтов продолжалась до 1949 года, когда из «великого треугольника» оставался в живых один Пастернак [Бродский 1997: 174][12]. По мнению Бродского, связь поэзии Цветаевой, Пастернака и Рильке подтверждает пастернаковский цикл «Магдалина», входящий в стихи Юрия Живаго. Бродский считает, что первое стихотворение цикла восходит к поэтике Рильке, а второе вызывает в памяти поэтику Цветаевой [Бродский 1997: 159].

С биографической точки зрения для понимания этого литературного треугольника незаменимыми стали труды Азадовского; как несравненный знаток архивных материалов, он представляет нам «другой голос»[13] каждого из обсуждаемых поэтов. Его работе во многом помогло преданное участие наследников Пастернака — сына Евгения (Е. Б. Пастернака) и невестки Елены (Е. В. Пастернак). Литературная интерпретация Бродского добавила свой собственный «другой голос» к поэтическому трио, углубив читательское понимание чисто поэтического взаимодействия в произведениях трех поэтов.

«New York Times Book Review», подписанное признанными американскими учеными В. Г. Данэм, В. Эрлихом, Р. Л. Джексоном, упоминающее «несанкционированное литературное событие в Ленинграде», подразумевающее, скорее всего, лекции Азадовского о Цветаевой, Пастернаке и Рильке.

[11] И. Бродский. «Об одном стихотворении» [Бродский 1997: 77–155].

[12] Бродский использует выражение «великий треугольник». См. также: Иосиф Бродский. «Примечание к комментарию» [Schweitzer 1994: 262–284].

[13] Выражение «другой голос» принадлежит поэту Октавио Пасу, цитируемому в первой главе.

В данной работе я стремлюсь исследовать, как три поэта стали читателями и создателями поэтических образов друг друга. Как поэтические монологи превратились в посвящения и эпистолярные диалоги. В данной монографии я рассматриваю поэтов — Цветаеву, Пастернака и Рильке, которые в промежутке между 1926 годом, годом их «тройственной» переписки и смерти Рильке, и 1930 годом, годом публикации «Охранной грамоты», вдохновлялись жизнью и произведениями друг друга и в моменты создания писем, стихотворных и прозаических посвящений друг другу, таким образом, по словам Октавио Паса, передавали звучание своих голосов «страстей и видений». Мой анализ избранных писем, поэзии и прозы направлен на выявление противоречия между монументальным и маргинальным, проявляющегося в тематике и языке этих литературных и эпистолярных текстов. Большое количество научных работ, написанных по данному предмету, упоминается в обзорной статье А. Акилли [Achilli 2013: 129–148]. В этой книге я хочу обратить внимание на реалии и культурные мифы, прежде всего миф Пушкина, который, по моему мнению, породил и поддержал один из интереснейших поэтических разговоров XX столетия. Я также считаю, что понимание читателем творчества трех поэтов углубит концепция «эмпатийной со-настройки» Хайнца Кохута[14]. Таким образом, в своей работе я попытаюсь показать связь между аспектами мифологическими, которые я также называю монументальными, и личностными (эмпатическими) аспектами этого трехстороннего общения.

Первая глава посвящена описанию роли пушкинского мифа, интенсивно культивируемого поэтами Серебряного века, поскольку он связывает обоих русских поэтов с Рильке[15]. Русский миф вызывает то, что я назвала бы «монументальным» дискурсом,

---

[14] Я благодарю Ирину Фейгину за знакомство с работами Х. Кохута. Детально я рассматриваю данную концепцию в [Zaslavsky 2009: 145–153].

[15] Что касается пушкинского мифа у русских модернистов, особенно убедительными кажутся мне работы Г. Фрейдина и Б. Гаспарова. См. [Freidin 1987] и [Gasparov 1992]. Их взгляды повлияли на мое видение роли пушкинского культурного мифа в коммуникации Цветаевой, Пастернака и Рильке.

присутствующим в апострофах обоих поэтов, обращенных к Рильке, — оба русских поэта создают памятник Рильке из посвященных ему поэзии и прозы. В то же время то, как пристально Цветаева и Пастернак исследуют возвышенную, обыденную и трагическую стороны своего ремесла, — и в Советском Союзе, в случае Пастернака, и в изгнании — в эмиграции во Франции, в случае Цветаевой, — создает то, что я бы назвала дискурсом «эмпатийной со-настройки». «Эмпатийный» дискурс, обращенный к Рильке, выводит на первый план беспокойство поэтов о собственном будущем и будущем русской поэзии. Результаты этого «эмпатийного» подхода различаются — у Цветаевой это отречение от сиюминутного и обыденного, у Пастернака — озабоченность будущим русской поэзии и оплакивание гибели еще одного любимого им поэта, Владимира Маяковского.

Вторая глава рассматривает поэтические произведения Цветаевой и Пастернака, посвященные друг другу, и роли лирических героев и их адресатов в этих произведениях. Третья глава посвящена взаимным поэтическим обращениям Цветаевой и Рильке — «Элегии Марине Цветаевой-Эфрон» Рильке 1926 года и поэме «Новогоднее» Цветаевой, посмертно посвященной Рильке, а также прозаическому эссе «Твоя смерть», написанными в 1927 году. В четвертой главе рассматривается длинный прозаический очерк Пастернака «Охранная грамота», написанный в 1930 году и посвященный памяти Рильке, как завершение этих сложных поэтических взаимоотношений.

Глава 1
«Литературный треугольник» и пушкинский миф

> Наряду с революцией и религией есть другой голос —
> поэзия. Он другой, поскольку это голос страстей
> и видений. Он принадлежит другому миру и миру
> этому, дням давно прошедшим и дню сегодняшнему,
> он — древность без времени.
>
> [Paz 1991]

Октавио Пас, поэт, эссеист, философ и лауреат Нобелевской премии по литературе 1990 года, написал эти строки в своем эссе «Поэзия и свободный рынок» в 1991 году. Тогда он полагал, что существованию поэзии угрожает «не какая-либо доктрина или политическая партия, но безликий, бездушный и хаотичный экономический процесс» [Paz 1991: 1].

Характеризуя сущность поэзии, Пас подчеркивает ее всеохватывающий, провидческий голос, и это перекликается с известной идеей романтиков о том, что поэты — это пророки и «непризнанные законодатели мира» [Шелли 1998: 744]. Концепция поэта-визионера из эссе Октавио Паса, чьему существованию угрожает несовершенство общества, применима к положению поэта в России в 1920-х годах. Именно там и тогда угроза для искусства исходила от «доктрины [и] [...] политической партии»[1].

---

[1] Попытки цензуры предпринимаются и сегодня. См.: URL: http://ria.ru/society/20130118/ 918730340.html (в настоящее время недоступен), но они несопоставимы с тем, что было принято во времена Сталина и позднее.

Поэтический «треугольник» Цветаевой, Рильке и Пастернака сложился в момент огромных исторических и культурных потрясений, чреватых гибелью поэзии, понимаемой как кропотливая работа личности «творца» и «наблюдателя», от рук зарождающегося советского масскульта[2]. Эта трансформация культуры и творческий ответ на нее Цветаевой и Пастернака, обратившихся в своей «защите поэзии» к парадигматической фигуре Рильке, дали первоначальный толчок к появлению треугольника в 1926 году.

Творческое взаимодействие трех поэтов включает хорошо известную эпистолярную составляющую, которая изучается уже несколько десятилетий, начиная с познавательной и яркой работы К. Азадовского. Впервые широко известная переписка «треугольника» Рильке — Цветаева — Пастернак была опубликована на русском языке в 1977 году, за этим последовала публикация в Италии, и, наконец, публикация на немецком языке, первоначальном языке переписки, вышла в начале 1980-х годов с обширными комментариями К. Азадовского, Е. Б. Пастернака и Е. В. Пастернак[3]. Далее, на немецком языке под редакцией К. Азадовского была отдельно напечатана переписка Цветаевой и Рильке [Asadowski 1992], ее расширенное издание на русском вышло под заголовком «Небесная арка: Марина Цветаева и Райнер Мария Рильке» [Азадовский 1992]. Позднейшие переиздания переписки участников «треугольника» на русском и английском языках увидели свет в 2000 и 2001 годах [Азадовский 2000].

---

[2] Термины «творец» и «наблюдатель» заимствованы у В. Эрлиха [Erlich 1964: 68–119]. Относительно опасного положения советских поэтов см. [Якобсон 1975].

[3] Также к истории «треугольника» см. [Азадовский 2000: 27, 275 (примечание 6); Pasternak E. B. et al. 1983]. Оба русских поэта писали Рильке по-немецки. Первоначально отрывки из переписки были опубликованы на русском языке, затем в 1980 году вышла публикация в Риме на итальянском в переводе с немецкого С. Витале и Дж. Фишер. Также ср. издания данной переписки на русском и английском языках (второе с предисловием Сьюзан Зонтаг), см. библиографию. Обзор публикаций переписки трех поэтов в России и на Западе — в моей статье [Zaslavsky 2009a: 55–60].

Немногим позже переписку Пастернака и Цветаевой на протяжении почти 15 лет (с 1922 по 1936 год) опубликовали в Москве — после того, как редакторы получили доступ к прежде засекреченным архивным материалам [Коркина, Шевеленко 2004]. В книге я использую слово «треугольник» вслед за Иосифом Бродским, употребившим выражение «великий треугольник» в своем эссе «Примечание к комментарию», указывающем на связи между текстами трех поэтов [Schweitzer 1994: 273; Бродский 1997: 174][4].

Прежде чем приступить к анализу поэтического треугольника Цветаева — Рильке — Пастернак, предмету данного исследования, нужно рассмотреть исторические предпосылки этого удивительного разговора трех поэтов. Цветаева и Пастернак были почти незнакомы до 1922 года. Они присутствовали на поэтических чтениях друг друга, и оба остались разочарованными. Во время одного из подобных чтений Цветаеву раздражает манера Пастернака читать с остановками и запинками из-за забытой строки. Ее реакцией было: «Господи, зачем так мучить себя и других?» [Цветаева 1994, 2]. Пастернак же на стихи Цветаевой отреагировал скорее не досадой, а безразличием:

> На одном сборном вечере в начале революции я присутствовал на ее чтении в числе других выступавших. В одну из зим военного коммунизма я заходил к ней с каким-то поручением, говорил незначительности, выслушивал пустяки в ответ. Цветаева не доходила до меня [Азадовский 2000].

Но после эмиграции Цветаевой в 1922 году в Берлин, откуда ей предстояло перебраться сначала в Прагу, а затем в Париж, Пастернак прочитал ее напечатанный годом ранее сборник «Версты», и это побудило его написать письмо, как он позже отметит в автобиографическом очерке «Люди и положения», «полное восторгов по поводу того, что я так долго прозевывал ее

---

[4] См. также сноску 11 к введению.

и так поздно узнал». Цветаева отвечает ему, и завязывается переписка, ставшая особенно тесной в середине 1920-х годов. Уже в самом ее начале Цветаева откликнулась на восторг Пастернака в адрес ее поэзии. Так, в письме от 1923 года она называет его *явлением сверхъестественным*, поэтом в чистом виде: «*Вы — явление природы* [...] И, конечно, Ваши стихи не человеческие, ни приметы. [...] Вы — поэт без стихов, т. е. так любят, так горят и так жгут — только не пишущие, пишущие раз, восьмистишие за жизнь, не ремесленники (пусть гении) пера» [Коркина, Шевеленко 2004: 39][5].

Отношение Цветаевой к Пастернаку в тогда же написанном эссе «Световой ливень» выражено той же эмоционально напряженной, полной метафор и метонимий лексикой:

> Пастернак — это сплошное настежь: глаза, ноздри, уши, губы, руки. До него ничего не было. Все двери с петли: в Жизнь! И вместе с тем, его более чем кого-либо нужно *вскрыть*. (Поэзия Умыслов). Так, понимаешь Пастернака вопреки Пастернаку — по какому-то свежему — свежейшему! — следу. Молниеносный — он для всех обремененных опытом небес. (Буря — единственный выдох неба, равно, как небо — единственная возможность *быть* буре: единственное ристалище ее! [Цветаева 1994, 5: 234].

В свою очередь, восхищение Пастернака цветаевским гением становится все более ярко выраженным. В письме от 1926 года о сокрушительном влиянии ее «Поэмы конца» он восклицает:

> Но о поэме больше ни слова, а то придется бросить тебя, бросить работу, бросить своих и, сев ко всем вам спиною, без конца писать об искусстве, о гениальности, о никем никогда по-настоящему не обсужденном откровении объективности, о даре тождественности с миром, потому что в самый центр всех этих высот бьет твой прицел, как всякое истинное творенье [Азадовский 2000: 39].

---

[5] Курсив приводится из цитируемого источника, — здесь, а также в последующих цитатах.

Узнавание друг в друге поэтических родственных душ привело Цветаеву и Пастернака к эпистолярному роману. В какой-то момент Пастернак почти было решился оставить семью в Москве и ехать к Цветаевой в Париж. Судя по его письму от 20 апреля 1926 года, он был уже готов привести в исполнение свое намерение. Оставалось лишь сомнение — ехать ли к Цветаевой немедленно или подождать, пока он допишет свою поэму «Лейтенант Шмидт». Пастернак писал:

Ехать ли мне к тебе сейчас или через год? [...] Ни о чем больше нет речи. У меня есть цель в жизни и эта цель — ты. Ты именно становишься меньше целью, а частью моего труда, моей беды, моей теперешней бесполезности, когда счастье увидать тебя этим же летом заслоняет для меня все [...] Если ты меня не остановишь, то тогда я еду с пустыми руками только к тебе и даже не представляю себе куда еще и зачем еще [Азадовский 2000: 71].

Но оставаясь верной своему выбору эпистолярных или воображаемых отношений, мотив которых повторялся и в ее переписке с Рильке, Цветаева охладила порыв Пастернака, предложив, чтобы он закончил поэму и, таким образом, отложил поездку на год. В результате встреча Пастернака и Цветаевой состоялась почти десятилетие спустя, в 1935 году. Она оказалась краткой и малозначительной, «невстречей», как позже описала ее Цветаева [Цветаева 2009: 268][6].

Примечательно, что, хотя Пастернак не совершил решительного шага в 1926 году и не оставил ради Цветаевой семью, их обмен письмами и его поддержка Цветаевой и ее творчества в эмиграции не осталась без последствий. Поскольку эмигрантский статус Цветаевой и ее неприятие революции были вызовом для официальной советской культуры, восторг Пастернака по поводу ее творчества встретил холодный прием [Флейшман 1981: 56–57].

---

[6] Это письмо от 22 июля 1935 года цитируется во введении ко многим публикациям и научным исследованиям, включая [Азадовский 1992; Азадовский 2000] и т. д. К. Чипела подробно анализирует переписку Цветаевой и Пастернака в своей книге [Ciepela 2006].

В частности, посвящение поэмы «Лейтенант Шмидт» Марине Цветаевой, слабо замаскированное формой акростиха, вызвало скандал, и Пастернака в конце концов вынудили его убрать.

Райнер Мария Рильке вошел в этот эпистолярный треугольник, когда Пастернак решил познакомить с ним Цветаеву во время переписки поэтов, в середине 1920-х годов. Для Пастернака глубоко ощутимая связь с Рильке длилась с детства. В 1900 году в десятилетнем возрасте он познакомился с Рильке, когда тот ехал с Лу Андреас Саломе навестить Льва Толстого в Ясной Поляне [Fleishman 1990: 139]. Рильке был тогда очарован Россией как страной безграничных духовных возможностей, это была его вторая поездка; кроме Толстого, он познакомился и с другими русскими литераторами и художниками. Так, знакомство с отцом Пастернака, известным живописцем и графиком Л. О. Пастернаком, было одним из первых памятных знакомств Рильке в России [Pasternak E. B. et al. 2001: 13].

Годы спустя после первой встречи, которая произвела неизгладимое впечатление на юного Пастернака, молодой поэт познакомился с поэзией Рильке и, восхитившись своей находкой, перевел на русский язык некоторые стихи из «Книги образов» [Пастернак 1989: 239–281]. В свою очередь Рильке в 1926 году в письме Л. О. Пастернаку хвалил стихи его сына, напечатанные в 1922 году в Берлине в книге Ильи Эренбурга «Портреты русских поэтов», а также во французском переводе Елены Извольской в журнале «Commerce» [Fleishman 1990: 139]. Ободренный вниманием знаменитого поэта, Пастернак 12 апреля ответил восхищенным письмом, в котором просил Рильке отправить экземпляр «Дуинских элегий» Цветаевой, живущей тогда в Париже [Азадовский 1990: 62].

Решение Пастернака вовлечь Цветаеву в свои отношения с Рильке можно трактовать по меньшей мере двояко. Очевидно, поэт предполагал, что его просьба к Рильке послать свой поэтический подарок также напомнит Цветаевой и о его, Пастернака, привязанности к ней. Другой причиной, более прагматической, было то, что в 1926 году у Советской России не было дипломатических отношений со Швейцарией, тогдашним домом Рильке, так что Цветаева могла сыграть роль посредника между ними. Но тут он ошибся — Цветаева быстро заняла центральное место в переписке, оставив Пастернака на обочине эпистолярного романа. Пастернак прекратил посылать Рильке письма, а также перестал писать Цветаевой в июле 1926 года, но возобновил переписку через несколько месяцев после кончины Рильке в декабре того же года[7]. Сохранилось 11 его посланий к Цветаевой. Рильке и Цветаева продолжали переписку на родном языке Рильке практически до самой кончины немецкого поэта. Всего Цветаева написала Рильке девять писем; Рильке адресовал ей шесть. Переписка эта была наполнена языком и смыслом поэзии: письма Цветаевой к Рильке, полные метафор, по силе воздействия на читателя сравнимы с лирической поэзией [Hasty 1980; Taubman 1988: 291; Азадовский 2000: 26, 27[8]]. В своих посланиях и Цветаева, и Пастернак отдавали дань Рильке как абсолютному, непревзойденному поэту — «явлению природы», по выражению Цветаевой [Pasternak E. B. et al. 1983: 75, 105][9]. Для них обоих он стал чем-то вроде мифического культурного героя, идеальным образом поэта, едва ли достижимым в действительности. Что же вызвало это небывалое почтение к Рильке со стороны двух крупных поэтов, отнюдь не склонных преуменьшать собственную значимость? Тому было несколько разных причин. У обоих, и у Цветаевой, и у Пастернака, Рильке ассоциировался с Германией их юности, любимой, обожаемой ими страной. Мать Цветаевой имела немецкие корни, и Цветаева в юности ездила в Германию с семьей, сохранив драгоценные воспоминания о поездке [Швейцер 2002: 52][10]. Пастернак изучал немецкую философию в Марбурге, и, хотя вскоре прервал обучение, поездка туда решительно повлияла на его выбор оставить философию и стать поэтом [Fleishman 1990: 34]. И Цветаева, и Пастернак

---

[7] Пастернак возобновляет переписку с Цветаевой 3 февраля 1927 года [Азадовский 2000: 227].

[8] Эти две страницы содержат краткую архивную историю писем.

[9] Письма 12 апреля и 9 мая 1926 года.

[10] В письме от 10 февраля 1925 года Пастернаку: «В два места я бы хотела с Вами: в Веймар к Goethe, и на Кавказ. (Единственное место в России, где я мыслю Гёте.)» [Коркина, Шевеленко 2004: 30].

знали немецкий язык в тончайших нюансах, что очевидно из их писем и переводов, хотя на выбор лексики и синтаксиса в немецком очень влиял их родной язык и собственный поэтический стиль[11]. Но были и другие причины их привязанности к Рильке, более всего связанные со статусом поэта в России тех лет. Время их переписки пришлось на «смену вех» в России [Freidin 1987: 123]. Растущая профессионализация литераторов и увеличивающаяся зависимость от литературного труда как средства к существованию значительно деромантизировали положение поэта в России. Становилось все труднее «жить стихом», как их современники — Вячеслав Иванов или Максимилиан Волошин[12]. Но очевидно, что и Цветаева, и Пастернак стремились к подобной творческой жизни. В Рильке они видели воплощение своих стремлений. Этот «совершенный», парадигматический поэт вел совершенную поэтическую жизнь в замке Мюзо, отделенном и защищенном от мира[13]. Контраст между идеальным, эмпирейным поэтическим существованием Рильке и более суровыми обстоятельствами бытия Пастернака и Цветаевой придавали образу Рильке еще больше исключительности. Как Пастернак заметил много лет спустя, Рильке для него был последним «творческим субъектом»[14].

В своем единственном письме к Рильке, датированном 12 апреля 1926 года, Пастернак выражает восхищение им и сравнивает значимость Рильке для себя с Пушкиным или Эсхилом[15].

Ich bin Ihnen mit dem Grundzüge des Charakters, mit der Art meines Geistesdaseins verpflichtet. Das sind Ihre Schöpfungen. [...] Die stürmische Freude Ihnen einmal Dichtergeständnisse

---

[11] О влиянии немецкой литературы на творчество Пастернака см. в [Freiberger-Sheikholeslami 1973].

[12] Ср. [Erlich 1964].

[13] Биографии Рильке — см. [Leppman 1984; Prater 1986].

[14] Письмо от декабря 1945 года. См. [Пастернак 1990a].

[15] Немецкий язык Пастернака, как и Цветаевой, находился под большим влиянием его русской речи и поэзии.

machen zu dürfen ist nicht gewöhnlicher bei mir als ich sie Aeschylus oder Puschkin gegenüber fühlte, wäre der Fall denkbar [Pasternak E. B. et al. 1983: 76].

Я обязан Вам основными чертами моего характера, всем складом духовной жизни. Они созданы Вами. Я говорю с Вами, как говорят о давно прошедшем, которое впоследствии считают истоком происходящего, словно оно взяло оттуда свое начало. Я вне себя от радости, что стал Вам известен как поэт, — мне так же трудно представить себе это, как если бы речь шла о Пушкине или Эсхиле [Пастернак 1990: 320].

В этом же письме Пастернак называет Рильке представителем литературы par excellence:

Ich liebe Sie, wie die Dichtung geliebt werden will und soll, wie die Kultur im Gangeihre eigenen Höhen feiert, bewundert und erlebt [Pasternak E. B. et al. 1983: 76].

Я люблю Вас так, как поэзия может и должна быть любима, как живая культура славит свои вершины, радуется ими, существует ими [Пастернак 1990: 320].

В статье о персональной мифологии Пастернака Александр Жолковский обсуждает «экстатические мотивы» поэтики Пастернака. Один из них включает «образ Божества, как правило, сопряженный с топосом верха/низа: так, Бог призывается окунуть свой мир в спасибо лирического "я"» [Жолковский 1994: 283–295; Loseff 1991: 64]. И единственное письмо Пастернака к Рильке — яркий пример такого дискурса. Объяснение Пастернака в любви и его ассоциирование Рильке с поэзией как таковой помещают Рильке в пространство мифа. Пастернак убеждает и Цветаеву разделить его преклонение: «Я боялся, что ты любишь его недостаточно», — вскоре напишет он ей (письмо от 10 июня 1926 года) [Азадовский 2000: 147].

Цветаева, со своей стороны, подняла легендарную личность Рильке до еще большей высоты, назвав его явлением природы, «eine Naturerscheinung». Ее письмо от 9 мая 1926 года — лирическая хвала, посвященная Рильке. Подобно Пастернаку, она сравнивает австрийского поэта с самой поэзией и обращается к нему на своем «трансцендентном» немецком, напоминающем язык ее русских стихов[16]:

Rainer Maria Rilke!
Darf ich Sie so anrufen? Sie, die verkörperte Dichtung, müssen doch wissen, dass Ihr Name allein — ein Gedicht ist. Rainer Maria, das klingt kirchlich — und kindlich — und ritterlich. (Письмо от 9 мая 1926 года) [Asadowski 1992: 46].

Райнер Мария Рильке!
Можно ли Вас так окликнуть? Ведь Вы — воплощенная поэзия, должны знать, что уже само Ваше имя — стихотворение. Райнер Мария — это звучит по-церковному — по-детски — по-рыцарски [Азадовский 1992: 52].

Далее Цветаева называет Рильке «неодолимой задачей для будущих поэтов», для нее «преодоление» его поэтического дара означало бы «преодолеть поэзию». Это еще одна многозначительная цитата из цветаевской мифологизации Рильке, взятая из письма от 2 августа 1926 года, где Рильке предстает универсальным гением, воплощением европейской цивилизации. Той же фразой Цветаева утверждает, что вся Россия разделяет ее невиданное преклонение перед ним:

Rainer, es wird Abend, ich liebe Dich. Ein Zug heult. Züge sind Wölfe, Wölfe sind Russland. Kein Zug — ganz Russland heult nach Dir [Asadowski 1992: 84].

Райнер, вечереет, я люблю тебя. Воет поезд. Поезда это волки, а волки — Россия. Не поезд — вся Россия воет по тебе, Райнер (письмо от 2 августа 1926 года) [Азадовский 1990: 193].

---

[16] О взглядах Пастернака на трансцендентный язык художника см. в главе 4 данной книги.

«Экстатическое» восприятие Рильке Цветаевой и Пастернаком связано с их восприятием образа поэта как совести и как пророческого гласа, образа, глубоко укорененного в русской литературной традиции. Эта парадигма, родившаяся еще во времена Пушкина, идет от русских символистов, современников и предшественников обоих поэтов[17]. В то же время с наступлением XX века становится более явственным противоречие между исключительностью и маргинальностью роли поэта в русском обществе. В письмах Цветаевой и Пастернака 1926 года это противоречие проявляется жаждой бессмертия и одновременно ощущением нависшей катастрофы, охватившим обоих поэтов[18]. Одна из тем данного исследования — контраст между идеализированным мифом Рильке (монументальным дискурсом), созданным Цветаевой и Пастернаком, и двойственностью роли поэта как фигуры центральной и одновременно маргинальной (дискурс эмпатийной со-настройки), ярко проявляющийся в их переписке и поэзии, посвященной друг другу[19].

Подобно тому, как восхищение Цветаевой и Пастернака фигурой Рильке отчасти связано с тем, как глубоко они знали и любили немецкий язык и культуру, восприимчивость Рильке к творчеству двух русских поэтов можно отнести к его духовной связи с Россией, начавшейся более чем за 20 лет до данной переписки[20]. Очарованность Рильке этой страной выросла из интеллектуальных и духовных устремлений Германии 1890-х годов [Mattenklott 1988: 21–33]. Его идеализированное восприятие России будет рассмотрено более подробно далее в этой главе. Здесь также важно понять, что после исторических катаклизмов Октябрьской революции восторг Рильке уступил место страху разочарования. Так, несмотря на возобновление контактов с русскими эмигрантами к середине 1920-х годов, когда поэты вели интенсивную

---

[17] Ср. [Freidin 1987: 33].

[18] См. письмо Цветаевой от 26 мая 1926 года и письмо Пастернака от 1 июля 1926 года [Азадовский 2000: 129, 169].

[19] Я пишу об этом напряжении в [Zaslavsky 2009: 145–153].

[20] См. [Азадовский 2011; Brodsky 1984; Tavis 1994].

переписку, Рильке с меньшим энтузиазмом воспринимал Россию и русских, чем во времена его юности. Более того, слабое здоровье поэта (1926 год стал последним годом его жизни) и слишком настойчивые призывы Цветаевой к более полному поэтическому союзу стали причиной более редких эпистолярных откликов со стороны Рильке, а затем полного прекращения переписки с его стороны [Tavis 1993: 494–511]. Однако во время их переписки Рильке посвятил ей короткое стихотворение на французском языке, а также поэму «Элегия Марине Цветаевой-Эфрон» на немецком [Asadowski 1992: 71–72]. Несмотря на ее название, в элегии подчеркивается отрешенность Рильке от Цветаевой и мира в целом. Но даже в этой своей отдаляющей отчужденности Рильке воплощал суть поэтического существования для двух русских поэтов в поисках поэтического идеала.

«Культ поэта» в России того периода, краеугольный камень мифа о Рильке, созданного Цветаевой и Пастернаком, считают восходящим к почитанию Пушкина, идущему от знаменитого гоголевского описания Пушкина как вместилища русского характера и языка в «чистоте, в [...] очищенной красоте» [Гоголь 1937: 50][21]. «В нем русская природа, русская душа, русский язык, русский характер отразились в такой же чистоте, в такой очищенной красоте, в какой отражается ландшафт на выпуклой поверхности оптического стекла».

Продолжая эту традицию в своем «Дневнике писателя», Достоевский поднял Пушкина до уровня пророка, пришедшего осветить путь отсталому обществу, в котором только начало развиваться «правильное» современное сознание, спустя целый век после реформ Петра Великого, призванных приблизить Россию к Западу [Достоевский 1984: 136–137; Freidin 1987: 141].

> Да, в появлении его заключается для всех нас, русских, нечто бесспорно пророческое. Пушкин как раз приходит в самом начале правильного самосознания нашего, едва лишь на-

---

[21] В этом десятилетии писатель Михаил Шишкин интерпретирует пушкинский миф России для современного читателя в статье «Поэт и Царь. Две России» (1 июля 2013 года). URL: http://www.newrepublic.com/article/113717/mikhail-shishkin-pushkin-and-putin# (дата обращения: 27.06.2022).

чавшегося и зародившегося в обществе нашем после целого столетия с петровской реформы, и появление его сильно способствует освещению темной дороги нашей новым, направляющим светом. В этом-то смысле Пушкин есть пророчество и указание.

Но для Достоевского Пушкин был даже больше национального гения, ведущего Россию к современности; скорее, он был гением универсальным, объемлющим всю европейскую культуру [Достоевский 1984: 136–137].

Ибо, что такое сила духа русской народности как не стремление ее в конечных целях своих ко всемирности и ко всечеловечности? Став вполне народным поэтом, Пушкин тотчас же, как только прикоснулся к силе народной, так уже и предчувствует великое грядущее назначение этой силы. Тут он угадчик, тут он пророк.

Много лет спустя Цветаева в очерке «Твоя смерть» демонстрирует ту же идею универсального гения по отношению к Рильке, называя его «волей и совестью нашего времени» [Цветаева 1994, 5: 203].

Во второй половине XIX столетия литература стала фундаментальной парадигмой русской культуры [Freidin 1987: 141]. Это во многом объяснялось разрывом между государством и просвещенной элитой, вызванным неудачей восстания декабристов [Freidin 1987: 141; Todd 1987: 65–66]. Для образованных классов русская литература стала почитаемым нравственным ориентиром, часто выполняя те функции, которые в западном обществе принадлежали церкви и другим общественным институтам — прессе, университетам и политическим партиям. Ко многим писателям относились с благоговейным почтением как к «святым старцам», и поведение некоторых из них вполне соответствовало этой роли [Freidin 1987: 16–18]. Так, и Толстой, и Достоевский совершали паломничества в Оптину пустынь, монастырь XV века близ Калуги, знаменитый своей традицией «старчества» [Smolitsch 1953]. У либеральной интеллигенции была своя обожаемая фигура — Чернышевский, который, хоть и не достиг литературного Олимпа, где пребывали Достоевский и Толстой, тем не менее виделся одним из величайших людей «со времен Павла и Иисуса Христа» [Freidin 1987: 17][22]. В глазах своих читателей Толстой, Достоевский, Чернышевский и Чехов наряду с их героями вроде князя Мышкина или старца Зосимы составляли некий пантеон нерушимых моральных авторитетов. В XX веке, после смерти Толстого, долгожителя и «последнего гения» пантеона, мантия пророка перешла в основном к поэтам, и некоторые из них, как Блок, Маяковский и Мандельштам, становятся важнейшими «парадигматическими» фигурами. Литератор Н. А. Павлович, современница Блока и Мандельштама, сравнивает поэтические чтения Блока по силе воздействия со Страшным судом: «Его чтение было и испытанием сердец, и страшным судом» [Павлович 1964: 453]. Она же описывает похороны Блока, словно погребение святого мученика, соответствующим эпическим языком:

> Понесли мы «Александра-лебедя чистого, наше солнце, в муках угасшее», на Смоленское кладбище. Несли в открытом гробу, через Невские мосты. По дороге прохожие спрашивали: «Кого хоронят?» — Александра Блока. — Многие вставали в ряды и шли вместе с нами [Павлович 1964: 453][23].

На поэтических чтениях Мандельштама царила такая же эпическая атмосфера. В тех же мемуарах Павлович отмечает, как обыкновенное, непримечательное лицо Мандельштама приобретает сходство с лицом пророка и провидца [Павлович 1964: 472]: «Я никогда не видела, чтобы человеческое лицо так изменялось от вдохновения и самозабвения. Некрасивое, незначительное лицо Мандельштама стало лицом ясновидца и пророка».

При этом, в отличие от серьезно-непогрешимой манеры держаться литературных пророков толстовской эпохи, новые

---

[22] Г. Фрейдин здесь ссылается на [Стеклов 1928: 216].

[23] Н. Павлович цитирует стихотворение А. Ахматовой «А Смоленская нынче именинница» [Ахматова 1998: 295].

культовые поэты не пренебрегали работой над имиджем и ролевым поведением, составлявшими немаловажную часть их харизмы. Трибун новой эры Маяковский стал воплощением театрального поведения:

> Этот юноша ощутил в себе силу, какую — не знал, он раскрыл рот и сказал: — «Я!» — Его спросили: — «Кто — я?» — Он ответил: «Я: Владимир Маяковский». [...] А дальше, потом, все. Так и пошло: «Владимир Маяковский, тот, кто: я». Смеялись, но «Я» в ушах, но желтая кофта в глазах — остались. (Иные, увы, по сей день ничего другого в нем не увидели и не услышали, но не забыл никто.) [Цветаева 1994, 5: 377]

Театрализованный аспект поведения поэта можно соотнести с «театральностью» повседневного быта, свойственной российской культуре XVIII столетия, детально освещенной Ю. Лотманом [Lotman 1985: 67–94; Лотман 1994]. Истоки этой театральности можно усмотреть в реформах Петра Великого. От молодых аристократов в России XVIII века требовалось вести себя в стиле их европейских сверстников. Это было в огромной степени стилизацией, так как истинное принятие европейских ценностей было нежелательным, напротив, цель состояла в том, чтобы «формально ассимилировать европейский быт, сохраняя отношение к нему как к «чужому», стороннему для русских» [Lotman 1985: 70]. В результате, продолжает Лотман, знать была вовлечена в непрерывное лицедейство [Lotman 1985].

Лицедейство в повседневной жизни, ощущение постоянного пребывания на сцене было чрезвычайно характерно для жизни российского дворянства в XVIII веке. Простолюдины склонны были смотреть на жизнь дворян как на маскарад, наблюдая за ними, как за актерами на театральных подмостках.

Лотман называет это явление русской культурной жизни XVIII столетия «семиотизацией бытового поведения». Преобладание «стилизованного» быта элиты, в свою очередь, оказывало огромное влияние на поведение поэтов и писателей, часто также дворянского происхождения, в XVIII и начале XIX столетий [Lotman 1985: 86]:

Взгляд на собственную жизнь как на текст, подчиняющийся конкретным законам сюжета, очень подчеркивает «единство действия» или движение жизни к неизменной цели. Финал пьесы, ее пятое действие, становится особенно важным. [...] Смерть, в особенности трагическая, становится предметом постоянных размышлений и высшим моментом жизни.

И наоборот, литература часто становилась образцом для жизненных трагедий. Так, согласно Лотману, самоубийство Радищева спровоцировала трагедия Аддисона «Катон». Декабристы также выбирали героическую гибель под влиянием литературы, а именно жанра трагедии [Lotman 1985: 87–93].

В середине XIX века популярность реалистического жанра в литературе временно отодвинула на обочину театральность поведения, но в 1890-х годах с появлением движения символистов, а впоследствии Блока и Маяковского, интерес к ней возрождается. Все в их поведении и манерах подчеркивало их поэтическую натуру. Как заметил Роман Якобсон: «Даже одежда поэта, даже его домашний разговор с женой должен определяться всем его поэтическим производством» [Якобсон 1975: 26]. Но время ярких поэтических натур оказалось в России коротким: к концу сравнительно либеральных 1920-х годов некоторые из лучших поэтов погибли или оставили страну, а участь тех, кто настойчиво продолжал жить поэтическим мифом и в 1930-х, в первую очередь Мандельштама, была предсказуемо трагической. Г. Фрейдин метко описал неуместность поведения Мандельштама в жестокой атмосфере сталинских репрессий, переделав русскую поговорку «Не в свои сани не садись» на противоположную «Не в свои сани — садись» [Фрейдин 1991: 31].

Закат мифа о личности поэта в десятилетия, предшествующие Второй мировой войне, случился, разумеется, не только в России. По всей Европе, замечает в своем исследовании Светлана Бойм, «рубеж веков и период между двумя мировыми войнами стали последними важнейшими десятилетиями сотворения поэтического мифа» [Boym 1991: 11]. За исключением краткого периода возрождения культа поэзии в Советском Союзе, когда такие поэты, как Андрей Вознесенский, Евгений Евтушенко и Белла Ахмадулина, собирали полные залы слушателей, поэзия в России больше никогда не вернула себе прежнего легендарного статуса. Например, в 1990-х в области литературы и не только стала доминировать поп-культура, которую некоторые критики ядовито именовали «макулакультурой» [Condee 1991: 11]. Но в середине 1920-х годов, во времена переписки трех поэтов, культурный миф ролевого поэта определял дух русской поэзии своего времени [Boym 1991: 27]. Природа такого «парадигматического» статуса поэзии проявляется в треугольнике Пастернак — Цветаева — Рильке по-разному, особенно если рассмотреть концепцию «культа личности поэта», которую обсуждали в своих трудах русские формалисты и их последователи.

Можно сказать, что семиотизация поведения поэта в начале XX века обусловлена двумя ярко выраженными историческими традициями: театральностью поведения знати XVIII века и культом поэта и писателя как пророка-моралиста в XIX столетии. Теоретики движения русского формализма, среди которых выделяются Б. В. Томашевский и Ю. Н. Тынянов, оставили блестящий анализ культа поэтического поведения. Томашевский в своем обзоре литературных типажей европейской и русской литературы с XVIII по XX век применяет такие термины, как «литературная легенда» и «биографическая легенда», для обозначения вымышленной версии поэтической биографии, которую автор создает сам. «Театрализованный» аспект легенды очевиден, поскольку читатель предпочитает воображать художника фигурой героической или культовой. Таким образом, «[п]оэты своею жизнью осуществляют литературное задание. И эта-то литературная биография и была нужна читателю. [...] Автор действительно становится героем книги. [...]» [Томашевский 1923: 6–9; Tomashevsky et al. 1971: 54–55]. Для Томашевского Блок стал поэтом с лирической биографией [Tomashevsky et al. 1971: 54]:

Многочисленные мемуары о Блоке и его биографии, появившиеся в течение года, прошедшего с его смерти, свидетельствуют о том, что его биография была живым и необходимым комментарием к его творениям. Его стихи — лирические эпизоды о нем самом, и его читатели всегда были информированы (возможно, из третьих уст) о главных событиях его жизни. Было бы неточным сказать, что Блок выставлял свою жизнь на обозрение. Тем не менее, его произведения действительно вызывали непреодолимое желание узнать об авторе и заставляли читателей жадно следить за перипетиями его жизни. Легенда Блока — неизбежный спутник его поэзии. Необходимо принимать во внимание элементы задушевной исповеди и биографические отсылки в его стихах.

Аналогичным образом, также рассуждая на тему Блока как живой легенды, Тынянов утверждал, что рождение ее обусловлено во многом потребностью общества в такой культовой фигуре [Тынянов 1978: 6]: «Он был необходим, его уже окружает легенда — и не только теперь — она окружала его с самого начала, казалось даже, что она предшествовала самой поэзии Блока, что его поэзия только развила и дополнила постулированный образ».

Сознательно трагическое поведение легендарных поэтов, в свою очередь, оказывало существенное влияние на общество в целом. Например, Р. Якобсон как-то процитировал вывод Маяковского о последствиях стихотворения Есенина о самоубийстве: «Сразу стало ясно, скольких колеблющихся этот сильный стих, именно — стих, подведёт под петлю и револьвер» [Якобсон 1975: 26][24].

Таким образом, русские формалисты признавали особое воздействие поэтической личности на читателей 1920-х годов. В 1960-х и 1970-х интеллектуальные наследники формалистов, ученые-семиотики Юрий Лотман и Лидия Гинзбург, продолжали развивать мысль о биографической легенде, введя понятия «театральности повседневной жизни» и «личности» литератора [Лотман 1975: 67–94; Гинзбург 1977]. Лотман, в частности, предложил новую интерпретацию такого исторического явления, как

---

[24] Р. Якобсон цитирует «Как делать стихи» В. Маяковского.

восстание декабристов, утверждая, что склонность декабристов к театральному поведению была столь велика, что повлияла на итоги восстания и в конечном счете определила его поражение [Лотман 1975][25]. Концепция «личности», рассматриваемая Л. Гинзбург, появилась из изучения ею «моделей», которые во многом становились образцами поведения и самосознания в кругу русских литераторов [Гинзбург 1977]. В своем исследовании Гинзбург рассматривает их преимущественно на литературных образцах XIX века, популярных в кругах Герцена, Огарева и Станкевича, подчеркивая влияние на них философии немецкого романтизма, в особенности йенских романтиков, которые рассматривали поэта как героя, учителя и пророка [Гинзбург 1977: 50–51]. Несмотря на то, что и Лотман, и Гинзбург в основном писали о моделях, имевших место до начала XX века, их заключения часто подходят и для феномена поэта прошлого столетия, о котором пишут Томашевский, Тынянов и Якобсон.

Другим теоретическим построением, подтверждающим некоторые заключения данной работы, является концепция «харизматического поэта», предложенная Г. Фрейдиным в его работе о Мандельштаме. Она касается социологических аспектов понятия харизмы. Пользуясь метафорой Т. Карлайла о «символическом микрокосме», он предлагает подходить к

> [...] явлению современной русской литературы как к чему-то священному, парадигматическому по отношению к образу жизни общества: символическому микрокосму, светилами которого являются крупнейшие авторы. В этом отношении литература как целое представляет специфический продукт (символический и значительный) общественного интереса, определяемый не отдельными индивидами или социальными группами, но тем, что является необходимым условием общества, бесконечного представления, в котором общество демонстрирует себя самому себе [Freidin 1987: 12][26].

---

[25] См. также предисловие Б. М. Гаспарова [Lotman 1985].

[26] См. также [Freidin 1987: 283, прим. 58]. Фрейдин заимствует метафору «символического микрокосма» у Т. Карлайла. Он также обращается к [Geertz 1983].

Фрейдин также применяет такие термины, как «священный, парадигматический» и «представление», к положению русской литературы в начале XX века. Однако обращение Фрейдина к понятию харизмы, базирующемуся на классических трудах Макса Вебера, Эмиля Дюркгейма и Эдварда Шилза, бросает новый свет на понимание поэта как пророка и лицедея[27].

Исходя из определения Вебера, что «харизматическая власть зависит от веры групп, охваченных "энтузиазмом, отчаянием или надеждой"», Фрейдин объясняет тот завораживающий эффект, который Мандельштам производил на слушателей [Freidin 1987: 3–4]. Когда он читал свои стихи в 1932 году, до начала массовых репрессий, аудитория видела в нем «единственное утешение», «гениального поэта», «мужественного», «героического человека» и «седобородого патриарха» [Freidin 1987: 7][28]. Фрейдин так описывает взаимоотношения Мандельштама и его слушателей:

> Очевидно, Мандельштама и его аудиторию объединяла не только культура, но и особый набор чаяний, которые поэт был способен воплотить, и можно быть вполне уверенным, что для собравшихся его послушать (и, без сомнения, для себя самого) Мандельштам представал символом сообщества его почитателей, в то время как каждый из них видел себя слабой тенью парадигматического поэта. Каждый лелеял тлеющую искру огня поэтической харизмы. И пока они могли видеть этот огонь в поэте, они ощущали в себе присутствие этой искры — центр и периферия обменивались сигналами взаимного узнавания [Freidin 1987: 14].

Узнавание взаимно, подчеркивает Фрейдин, поскольку в то время слушатели были готовы приветствовать поэта «с большой буквы» ввиду высокого статуса русской литературы в обществе, пропагандируемого символистами. Однако когда аудитория оказывалась невосприимчивой, как во время последнего чтения стихов Маяковским, признанного «сокрушительным фиаско»,

---

[27] См. [Weber 1968; Durkheim 1915; Shils 1975].

[28] Здесь Г. Фрейдин цитирует письмо Н. Харджиева Б. Эйхенбауму [Эйхенбаум 1987: 532].

харизма поэта оказывается бессильна [Freidin 1987: 14; Brown 1973: 12]. Отсюда такая настойчивая мифологизация Цветаевой божественного дара поэта в связи с ее отношениями с Рильке и Пастернаком. К 1926 году, когда велась переписка трех поэтов, экономические трудности в самой России и в сообществе русских эмигрантов в Европе, помноженные на появление нового поколения читателей, сильно подорвали «парадигматический» статус поэта. Цветаевская мифология порождена ее ностальгической потребностью в особом положении поэта, которую усиливала ее собственная оторванность от общества собратьев-эмигрантов и которую мало кто разделял на родине [Слоним 1983: 350, 365, 367][29].

Эта театральная и харизматическая сторона человеческой и творческой личности Цветаевой была заметна уже в начале ее поэтического пути. В юные годы она воображала себя мятежной польской княжной Мариной Мнишек, обручившейся с самозванцем Гришкой Отрепьевым, чтобы получить российский трон. Другими ее кумирами были вожди крестьянских восстаний против монархии — Стенька Разин и Емельян Пугачев, оба поплатившиеся за свои поступки жизнью [Karlinsky 1985: 80][30]. Юная Цветаева также проявляла свою неординарность в «театральном» поведении и необычной одежде. Ярким примером может служить ее появление на литературном вечере, организованном в 1921 году В. Брюсовым. Опровергая все условности, советские, а также гендерные, она была в мужском костюме, подпоясана кадетским ремнем и с белогвардейской сумкой[31]:

> В тот день я была явлена «Риму и миру» в зеленом, вроде подрясника — платьем не назовешь [...] честно (то есть — тесно) стянутом не офицерским, а даже юнкерским, 1-ой Петергофской школы прапорщиков ремнем. Через плечо, офицерская уже сумка (коричневая, кожаная, для полевого бинокля или папирос), снять которую сочла бы изменой [...].

---

[29] См. также [Заславская 2021: 11–23].

[30] См. также М. Цветаева «Пушкин и Пугачев» [Цветаева 1994, 5: 498–524].

[31] М. Цветаева «Герой труда» в [Цветаева 1994, 4: 40].

В тот вечер она также выказала свое презрение к революции, зачитав группе солдат Красной Армии свои стихи, славящие монархию [Цветаева 1994, 4: 78]:

> Руку на сердце положа:
> я не знатная госпожа!
> Я — мятежница лбом и чревом.
> [...]
> Кремль! Черна чернотой твоей!
> Но не скрою, что всех мощей
> Преценнее мне — пепел Гришки!
> [...]
> Да, ура! — За царя! — Ура!

Бунтовщическое поведение «против течения» было неотъемлемой частью обаяния Цветаевой. Отсалютовав царю и делу Белого движения перед красноармейцами, она будет хвалить Маяковского русским эмигрантам в Париже, предсказуемо настраивая против себя и тех, и других[32]. Согласно Шилзу, одним из условий харизматической власти является интенсивность эмоций [Shils 1975: 263; Freidin 1987: 11]. Эмоциональный накал Цветаевой был сутью ее поведения и творчества. В ее цикле 1923 года «Поэты» мы слышим жалобу поэта, который не находит выхода своим безграничным возможностям в мире, где царит порядок [Цветаева 1994, 2: 186]:

> Что же мне делать, певцу и первенцу,
> В мире, где наичернейший — сер!
> Где вдохновенье хранят как в термосе!
> С этой безмерностью
> В мире мер?!

---

[32] В эссе о Марине Цветаевой М. Слоним [Слоним 1980: 369] пишет, что ее отношения с главными литературными кругами в эмиграции начали ухудшаться к концу 1928 года. Когда ее спросили после литературного выступления Маяковского в 1928 году, что она думает о русской литературной жизни, она ответила, «что сила там», из-за чего ее стали подозревать в сочувствии советской власти.

Вот как издатель пражского русскоязычного журнала «Воля России» М. Л. Слоним, опубликовавший немало произведений Цветаевой в 1920-х годах, вспоминает ее: «Удаль, размах привлекали ее, где бы они ни попадались — в прошлом или в настоящем [...]. Спрашивая себя, чем движется искусство, она повторяла [...] "силой, страстью, пристрастием"» [Эфрон 1989: 35].

В написанном в 1929 году обзоре поэзии Цветаевой Слоним приоткрывает суть ее характера, отмечая его как бытовой, так и бытийный аспекты: «Эта безмерность, углубленность, стремление во всем дойти до сути, снять покрывало спасительных иллюзий сочетаются в Цветаевой с исключительным напряжением духовной жизни, с тем подъемом, который делает ее наистрастнейшим русским поэтом» [Слоним 1992].

По мнению Слонима, Цветаева 1920-х годов была образцовым харизматическим поэтом, в котором глубина поэзии сочеталась с глубиной личности[33]. В эссе, написанных спустя много лет после трехсторонней переписки, она продолжает превозносить пророческий образ поэта, при этом признавая эстетические трудности, сопутствующие повсеместному культу писателя в России. В эссе «Поэт и время» она пишет: «Россия, к ее чести, вернее к чести ее совести и не к чести ее художественности [...] всегда ходила к писателям — как мужик к царю за правдой [...]»[34].

Глава в эссе, посвященная Толстому, — «Поход Толстого» — становится ее собственным походом против Толстого, когда она критикует и принижение им литературы как искусства, и вызванную этим реакцию публики [Цветаева 1994, 5: 363]:

> Все наше отношение к искусству — исключение в пользу гения [...] Оттого-то мы, вопреки всей нашей любви к искусству, так горячо и отзываемся на неумелый, внехудожественный [...] вызов Толстого искусству, что этот вызов из уст художника, обольщенных и обольщающих.

---

[33] Подробное описание демонстративно дерзкого поведения молодой Цветаевой см. также у С. Бойм [Boym 1991].

[34] «Искусство при свете совести» [Цветаева 1994, 5: 360]. Скорее всего, Цветаева здесь имеет в виду знаменитый визит к Толстому Горького «за землей и правдой» в 1889 году, когда Горький уже не застал Толстого. Об этом упомянуто в [Быков 2015: 15].

Поскольку Цветаева никогда не любила произведений Толстого, этот почитаемый автор стал естественной мишенью ее атаки на культ художника. Однако в то же самое время Цветаева проецировала агиографическую символику на своих любимых поэтов. Она мифологизировала и обожествляла Блока, Ахматову, Пастернака, Рильке и многих других. Временами ее высказывания об этих поэтах отражали те же черты правдоискательства, которые она порицала в Толстом. Например, ее утверждение о Рильке в эссе 1927 года «Твоя смерть»: «Ты был волей и совестью нашего времени, его — вопреки Эдисону и Ленину [...] — единственным вождем» [Цветаева 1994, 5: 203]. И все же в конечном счете ее отношение к другим поэтам в 1920-х годах сравнимо с мифотворчеством, порожденным тем, что можно назвать «харизматической ностальгией» — печалью по утраченному веку бесспорной избранности поэта. В силу географической удаленности и в особенности из-за того, что советский литературный истеблишмент не признавал поэтов-эмигрантов, известность Цветаевой в России постепенно стала перерастать в открытую критику, переводя ее в статус забытого поэта. Слоним отмечает, что в начале Гражданской войны вся страна цитировала наизусть сочиненную ею эпитафию [Слоним 1992: 6][35]:

> Прохожий, остановись!
> Прочти — слепоты куриной
> И маков набрав букет —
> Что звали меня Мариной,
> И сколько мне было лет.

Однако после эмиграции звезда Цветаевой начала меркнуть. Советская критика предсказуемо обвиняла ее в «творческом бессилии». Так, один из редакторов «Нового мира» писал в 1926 году [Смирнов 1926: 141, 142; Fleishman 1990: 54]:

> Разделяет судьбу прочих поэтов — «эмигрантов» и Марина Цветаева. Поэтесса, кажется, и сама сознает творческий упадок, постепенно оставляя стихи и, опять-таки, переходя

---

[35] Здесь М. Слоним цитирует стихотворение Цветаевой 1913 года «Идешь, на меня похожий...».

на публицистику. Как на образец ее публицистики — бездарной болтовни, можно указать на дневник «Мои службы», печатавшийся в последней (26-ой) книжке «Современных Записок». В этом дневнике поэтесса вспоминает — конечно, с патриотическими вздохами и ужасом салопницы — о годах военного коммунизма в Москве.

Что касается критики эмигрантской, хотя о Цветаевой и писали хвалебные отзывы влиятельные критики, такие как М. Л. Слоним и Д. П. Святополк-Мирский, находились и те, кто проявлял открытую враждебность. Среди них был Георгий Адамович, охарактеризовавший ее стихи как «растерянные, бледные, пустые»[36]. Цветаева сама настроила против себя многих парижских критиков из среды эмигрантов после публикации обличительного очерка «Поэт о критике» [Швейцер 2002: 322–324]. В нем она клеймит само призвание литературного критика как неизбежное следствие узости мышления и отсутствия литературного чутья [Цветаева 1994, 5: 274–296]. Ответ на очерк был быстрым и беспощадным — даже прежние сторонники Цветаевой отвернулись от нее. Зинаида Гиппиус, литературный соперник Цветаевой среди эмигрантских писателей, стиль которой высмеивается в очерке, отозвалась о литературном даре Цветаевой с открытым пренебрежением. Гиппиус, публиковавшаяся тогда под мужским псевдонимом Антон Крайний, писала: «Я не сомневаюсь в искренности М. Цветаевой. Она — из обманутых; но она точно создана, чтобы всегда быть обманутой, даже вдвойне: и теми, кому выгодно ее обманывать, и собственной, истерической стремительностью» [Швейцер 2002: 322].

Враждебный прием критиков как в России, так и в эмиграции усилил ее чувство изоляции и отчуждения. В своем поэтическом отклике Цветаева настаивает, что ее миссия выходит за границы мира современников и посредственной, преходящей критики: «Ибо мимо родилась Времени!» [Цветаева 1994, 2: 197]. Страстная эманация поэтической харизмы Цветаевой, ставшая легендарной,

---

[36] «Цветник» [Цветаева 1994, 5: 298]. Цветаева цитирует рецензию Г. Адамовича.

воплощается и в ее поэзии, и в прозе. Отзвук этих ее усилий громко слышен в обращении к Пастернаку из цикла «Провода»: «Недр достовернейшую гущу/Я мнимостями пересилю» [Цветаева 1994, 2: 182].

Точно так же в посвященном памяти Рильке эссе «Твоя смерть» она предлагает себя в качестве места последнего упокоения поэта: «Райнер Мария Рильке […] во мне, его русской любящей, покоится» [Цветаева 1994, 5: 205].

В противоположность Цветаевой, в литературных отсылках Пастернака к другим поэтам данного триалога меньше прямых упоминаний его собственной личности. Рильке и Цветаева становятся источником вдохновения и воображаемой (в особенности это относится к Рильке) эмпатийной аудиторией, которой Пастернак адресует свои взгляды о роли поэта. В его диалогах с ними зыбкость харизмы и театрального поведения в жизни поэта очевидно выходят на первый план. Это прослеживается не только в посвященной памяти Рильке «Охранной грамоте», но и в других его вещах; исследователи отмечают, что даже в таких поздних произведениях, как «Доктор Живаго», действие происходит «в мире Мальте Лауридса Бригге» [Barnes 1972: 61; Schweitzer 1963: 49–50]. Противоречия между взглядами на роль поэта в русской литературе — на то, является ли она центральной или маргинальной, — стали одним из важнейших предметов поэтического диалога Пастернака и Цветаевой, как будет далее показано в данной монографии.

Если рассмотреть публичный образ Пастернака ко времени переписки трех поэтов, мы заметим явное отсутствие чрезмерной, откровенной театральности. По отзывам очевидцев, манера чтения поэта была скромной; она мало напоминала Мандельштама, Цветаеву или Маяковского. Цветаева в эссе «Световой ливень» следующим образом описывает то, как Пастернак читал свои стихи в начале 1920-х годов: «Говорил он глухо и почти все стихи забывал. Отчужденностью на эстраде явно напоминал Блока. Было впечатление мучительной сосредоточенности, хотелось — как вагон, который не идет — подтолкнуть […]» [Цветаева 1994, 5: 232].

При этом Цветаева подчеркивает скрытую харизму Пастернака: во-первых, она сравнивает его с Блоком, фигурой культовой среди поэтов и не-поэтов в равной мере, во-вторых, она собирает его образ из разнообразных атрибутов, начиная от гибкости и порывистости до неподвижности и вневременности:

> Внешнее осуществление Пастернака прекрасно; что-то в лице зараз и от араба и от его коня; настороженность, вслушивание — и вот-вот [...] Полнейшая готовность к бегу. — Громадная, тоже конская, дикая и робкая роскось глаз. (Не глаз, а око). Впечатление, что всегда что-то слушает, непрерывность внимания и — вдруг — прорыв в слово — чаще всего довременное какое-то: точно утес заговорил или дуб [Цветаева 1994, 5: 232].

У Цветаевой физические черты Пастернака охватывают и человеческое, и животное, инстинктивное начало и сосуществуют с природой. Ее заключение о своем собрате по перу: «Пастернак живет не в слове, как дерево — не явственностью листвы, а корнем (тайной)». Так, по ее мнению, его энергия скрыта, его «самопредставление» лишено «театральности», модной у поэтов 1920-х годов.

Нелюбовь Пастернака к постановочной самопрезентации, его «философия невыставления себя на показ»[37] очевидна и из его собственных заявлений. «Позерство» Маяковского в «Охранной грамоте» выглядит актом саморазрушения: «Он открыто позировал, но с такою скрытою тревогой и лихорадкой, что на его позе стояли капли холодного пота» [Пастернак 2004, 3: 222]. Пастернаковская «философия невыставления себя напоказ» заслужила ему репутацию избыточно рафинированного поэта, которому не хватает жизненной силы: «[...] чрезмерная интеллигентность обескровливает поэзию Пастернака» [Флейшман 1981: 14][38]. Но, несмотря на кажущееся отрицание важности

---

[37] Это выражение ('philosophy of non-self-display') использует исследовательница творчества Пастернака А. Ливингстон [Livingstone 1985: 61].

[38] Цит. по: [Брюсов 1922: 57].

харизмы поэта, вопрос его роли, судьбы и концепция поэтического «я» были важнейшими в произведениях Пастернака. Так, Цветаевой адресованы стихи о судьбе поэта, а творчество Рильке вдохновило Пастернака на написание полуавтобиографической прозы «Охранная грамота»; в этом очерке вопрос биографии поэта становится центральным для тематической и структурной организации текста. Жизнь и творчество других поэтов и писателей, по утверждению Пастернака, служат для него вдохновением[39]:

> Я не пишу своей биографии. Я к ней обращаюсь, когда того требует чужая. [...] Всей своей жизни поэт придает такой добровольно крутой наклон, что ее не может быть в биографической вертикали, где мы ждем ее встретить. Ее нельзя найти под его именем и надо искать под чужим, в биографическом столбце его последователей. Чем замкнутее производящая индивидуальность, тем коллективнее, без всякого иносказания, ее повесть. [...] Я не дарю своих воспоминаний памяти Рильке. Наоборот, я сам получил их от него в подарок [Пастернак 2004, 3: 159].

Между исследователями творчества Пастернака ведутся споры относительно его взгляда на романтизм. В «Охранной грамоте», завершенной в 1930 году, он утверждает, что отверг эстетику романтизма: «Я отказался от романтической манеры. Так получилась неромантическая поэтика "Поверх барьеров"» [Пастернак 2004, 3: 227]. Видение Пастернаком романтизма здесь удивитель-

---

[39] Этот знаменитый отрывок приводится в большинстве исследований «Охранной грамоты». Анализ его можно найти в статье Кристины Поморска в [Harris 1990: 121]. Подобное же наблюдение о писателе, являющемся собственным читателем-критиком и создающем свою биографию из работ и биографий других авторов, сделал британский романист Джулиан Барнс о французском писателе Ф. Мориаке, современнике Пастернака и нобелевском лауреате. В романе «Попугай Флобера», размышляя о мемуарах Мориака, Барнс замечает: «Он пишет "Memoires", но это не мемуары. Читатель избавлен от детских игр и уроков [...]. Вместо этого Мориак рассказывает нам, какие книги читал, какие художники ему нравились, какие пьесы видел. Он находит себя, вглядываясь в труды других» [Барнс 2013: 144].

но похоже на определение литературной биографии формали-
стами, на понятие личности в литературе у Гинзбург и определения «харизматического поэта» у Фрейдина: «Но под романтической манерой, которую я отныне возбранял себе, крылось целое
мировосприятье. Это было понимание жизни как жизни поэта.
Оно перешло к нам от символистов, символистами же было
усвоено от романтиков, главным образом немецких» [Пастернак
2004, 3: 227].

Далее Пастернак объясняет, что, хотя он вначале принимал
романтическое понимание биографии поэта как театрального
действия, в конечном итоге эта концепция стала для него чуждой.
Напротив, пишет он, творческий импульс, ставший толчком
к написанию раннего цикла стихов «Сестра моя жизнь», просла-
вившего его поэтический талант, был несравненно выше его
поэтической личности[40]:

> Когда же явилась «Сестра моя жизнь», в которой нашли
> выраженье совсем несовременные стороны поэзии, открыв-
> шиеся мне революционным летом, мне стало совершенно
> безразлично, как называется сила, давшая книгу, потому что
> она была безмерно больше меня и поэтических концепций,
> которые меня окружали [Пастернак 2004, 3: 228].

Системное определение творческой силы в искусстве восходит
к учению Анри Бергсона, популярному среди университетских
однокурсников Пастернака [Aucouturier 1979: 341]. Согласно
этому учению, жизненную силу можно познать только интуитивно, чувственно, путем слияния субъекта и объекта [Aucou-
turier 1979: 341]. Эта теория напоминает о таких немецких ро-
мантиках, как Новалис, писавших о внутреннем понимании
себя, ведущем к пониманию мира [Novalis 1929; Aucouturier 1979:

---

[40] В 2003 году поэт-шестидесятник и диссидент Наталья Горбаневская, знакомая с Ахматовой, похожим образом отзывалась о ней. По словам Горбанев-
ской, «ролевое поведение» на людях не было свойственно Ахматовой. См.:
URL: http://russian-bazaar.com/ru/content/2268.htm#sthash.8H70qzDN.dpuf
(дата обращения: 13.07.2022).

101]. И все же отрицание Пастернаком романтической манеры письма в его творчестве куда менее очевидно. Амбивалентная связь поэта с романтизмом прослеживается и в его настойчивой маскировке своего «я» метонимическими переносами, попытками «встроить, инкорпорировать в текст изображаемый объект и таким образом достичь невозможной цели непосредственного изображения»[41].

Согласно В. Эрлиху, романтизм Пастернака был «другим романтизмом» [Fleishman 1989: 44][42]. Определения поэта как «актера», «незнакомца» и «пророка» по-прежнему занимали важное место в поэтике Пастернака. Его тексты, адресованные Цветаевой и Рильке, рассматриваются здесь с учетом этих определений.

Перед тем как продолжить обсуждение взаимодействия уникального поэтического треугольника, стоит напомнить о духовных и интеллектуальных связях Рильке с Россией. Интересом к стране он отчасти обязан дружбе с писательницей русского происхождения Лу Андреас Саломе. Также важно отметить, что для юного Рильке Россия стала источником духовности и самопознания. В Германии конца 1890-х годов поэты и интеллектуалы постромантического периода искали новые пути для духовной самореализации [Mattenklott 1988: 21]. Поколение Рильке обратилось к «экзотическим» землям таинственного «Востока», включавшим в то время Россию, Египет и Индию, и многие нашли в России духовную опору, которой не хватало тому, что Ницше назвал невротической атмосферой европейской провинциальности [Nietzsche 1964: 108]. Например, в очерке о Толстом Лу Андреас Саломе писала, что дружеская пассивность русских представляет собой глубокий источник духовности, поскольку согласуется с учением Евангелия [Salome 1898: 1150]. Молодой поэт,

---

[41] Erlich. «Boris Pasternak and the Russian Poetic Culture of His Time» in [Fleishman 1989: 43].

[42] Д. Быков, автор позднейшей биографии Пастернака в серии ЖЗЛ, отмечает, что Пастернак, восхищавшийся Цветаевой за ее романтизм в жизни, к середине 1930-х годов «похоронил» все свои романтические чаяния. См. [Быков 2006: 37].

на момент встречи с Саломе увлеченный самопознанием, был захвачен идеей особой русской души, созвучной его формирующимся взглядам на роль художника [Tavis 1994]. Идеальный художник в представлении 20-летнего Рильке обладает наивностью ребенка и близостью к Богу — не богу конкретной религии, скорее общей идее духовности. Соответственно, представление Рильке о русском крестьянине включало естественную набожность в сочетании с элементами дионисийства, о которых Рильке писал в очерке о Ницше — духовность русского крестьянина, словно духовность сатира, славит непрерывность жизни [Rilke 1955, 6]. Неудивительно, что он считал склонность к искусству частью русского национального характера[43]. Однако единственный путь для русского художника в поисках универсальной истины, утверждает Рильке, состоит в том, чтобы игнорировать внешние западные влияния, избегать их. Это, очевидно, идет от идеи, популярной в XIX столетии в Германии, что Восток, включая Россию, должен следовать своему собственному эволюционному пути, в конечном итоге более многообещающему для цивилизации, нежели Запад. Это идеализированное представление о духовном превосходстве России выросло из мифологизированного восприятия Рильке этой страны, на что указывали известные российские исследователи его творчества, включая К. Азадовского [Азадовский 1971: 380][44]. Немецкий биограф Рильке В. Леппман считает, что представление Рильке о России как об уникальной необыкновенной стране было обусловлено его потребностью в мифотворчестве, в иллюзии [Leppman 1984: 121]. Действительно, этот европейский поэт-космополит жил во многих странах и нигде не обрел своего дома. Возможно, поэтому его заботило представление о долговечном, стабильном духовном доме, и Россия воплотила для него идеальное, первозданное существование. После двух поездок в Россию в 1899 и 1900 годах и встреч там с Л. Толстым, Л. Пастернаком и крестьянским поэтом Спиридо-

---

[43] «Russische Kunst» в [Rilke 1955, 5: 495].

[44] См. также вступительную статью «Россия была главным событием [...]» к [Азадовский 2011: 7–131].

ном Дрожжиным, Рильке даже подумывал поселиться в России. На этот счет он писал издателю «Нового времени» Суворину, предлагая свои услуги в качестве журналиста[45]. Но его письмо осталось без ответа, и Рильке никогда больше не ездил в страну, которую так идеализировал. Его многочисленные заявления о России после Первой мировой войны подтверждают мнение Леппмана, что Рильке хотел сохранить в памяти идеализированный образ этой страны. Леппман подчеркивает, как трудно было Рильке принять Россию «измененную до неузнаваемости революцией и гражданской войной, покинутую сотнями и тысячами ее сынов, так что периодические контакты с русскими друзьями, в особенности эмигрантами, приводили его в растерянность» [Leppman 1984: 121]. В какой-то момент Рильке заметил, что русские эмигранты «утомляют» его своей манерой «плеваться своими чувствами словно кровью», добавляя: «Я теперь принимаю моих русских знакомых в малых дозах, как крепкие напитки» [Leppman 1984: 121][46].

Таким двояким, если не сказать разочарованным, был взгляд Рильке на Россию в 1926 году, когда он познакомился с Цветаевой, которая в письмах заявляла, что хотела бы для него представлять всю Россию. К тому времени Рильке обосновался в Швейцарии и временами жил в санатории деревушки Валь-Монт, где лечился от лейкемии, ставшей причиной его смерти. В своих первых письмах, обращенных к Цветаевой, Рильке очень высоко оценил ее как поэта, приветствуя ее великий поэтический дар[47]. Первоначально он даже признавался, что предвидит их возможную встречу где-нибудь «между Москвой и Толедо»[48]. Однако по мере того, как переписка продолжалась и требования Цветаевой становились более настойчивыми, Рильке постепенно отходил

---

[45] См. [Asadowski 1986: 55].

[46] См. также [Zweig 1947].

[47] Письмо от 28 июля 1926 года в [Pasternak E. B. et al. 1983: 229]. См. также [Asadowski 1992: 66]. Перевод письма на русский см. в [Азадовский 1990] и [Азадовский 2000].

[48] См. письмо от 10 мая 1926 года [Азадовский 1990].

от общения с ней. В письме от 17 мая 1926 года, в котором он говорит о плохом состоянии своего здоровья, Рильке предвидит их предстоящий разрыв и заранее просит прощения:

Alles das von *mir*, Du liebe Marina, verzeih! Und verzeih auch das Gegenteil, wenn ich auf einmal unmitteilsam bleiben sollte [...] [Asadowski 1992: 66].

Марина, милая, все это — о себе, прости! Но прости меня и в обратном случае: если вдруг я перестану сообщать тебе, что со мной происходит [...] [Азадовский 1990: 100–101].

И все же, несмотря на болезнь, потребность в одиночестве и усиливающееся разочарование в России 1920-х годов, Рильке приносит Цветаевой, в которой видит родственного по духу поэта, творческую дань. Это «Элегия Марине Цветаевой-Эфрон», стилистически напоминающая его знаменитые «Дуинские элегии». Он посылает ее в очередном письме Цветаевой 8 июня 1926 года, чтобы смягчить отстраняющий и выражающий желание одиночества тон предыдущего письма[49].

Трехсторонняя переписка обрывается смертью Рильке, на которую сильно и эмоционально отозвались и Цветаева, и Пастернак. Хотя слова Пастернака куда сдержанней, чем у Цветаевой, он замечает в письме от 3 февраля 1927 года их общее сиротство после его ухода: «По всей ли грубости представляешь ты себе, как мы с тобой осиротели?» [Азадовский 2000: 227]. Цветаева же реагирует на смерть любимого поэта мистически и мифотворчески, превознося его и приветствуя в новой реальности, реальности воображаемого.

В целом поэтическое присутствие Рильке сыграло главную роль в отношениях Цветаевой и Пастернака. Оно не только было ключевым для российского «мифа» о поэте, созданного Цветаевой и Пастернаком, но его идеализированный образ говорил им также о неясности положения русских поэтов в контексте новой литературной культуры. Для Цветаевой, жизнь

---

[49] См. [Hasty 1980].

которой в эмиграции была невыносимо трудна, переписка должна была давать вдохновение и духовную поддержку. Для Пастернака участие Рильке было в большей степени символическим, вдохновляющим присутствием великого поэта. Как писал он в 1928 году: «Я обещал себе по окончании "Лейтенанта Шмидта" свидание с немецким поэтом, и это подстегивало и все время поддерживало меня» [Азадовский 2000: 228]. И Пастернак, и Цветаева смотрели на уход Рильке как на жест поэтического «благословения», напоминающий о знаменитых словах Пушкина на смерть Державина: «Старик Державин нас заметил / И, в гроб сходя, благословил» [Пушкин 1977–1979, 5: 142]. Пастернак призывал Цветаеву жить с новой энергией творчества: «Теперь давай жить долго, оскорбленно долго — это мой и твой долг» (письмо от 3 февраля 1927 года) [Азадовский 2000: 209]. Цветаева сделала этот призыв неотменяемой обязанностью: «Его смерть — право на существование мое с тобой, мало — право, собственноручный его приказ такового» (письмо от 9 февраля 1927 года) [Азадовский 2000: 228]. Рильке довел диалог двух русских поэтов до высочайшей интенсивности[50].

В следующей главе мы проследим за этим напряженным диалогом, который велся через переписку и стихи, как до, так и после появления Рильке. Со стороны Цветаевой важнейший вклад в него — поэтические циклы «Провода» 1923 года и «Двое» 1924 года, а также две поэмы 1926 года — «С моря» и «Попытка комнаты», вдохновленные дружбой с Пастернаком[51]. Стихи, адресованные Пастернаком Цветаевой, рассматриваемые в следующей главе, «Нас мало. Нас, может быть, трое...» 1921 года, два акростиха, в особенности посвящение поэмы «Лейтенант Шмидт» 1926 года, и, наконец, стихотворение 1928 года, озаглав-

---

[50] См. [Шевеленко 2002: 381, примечание 2]. И. Д. Шевеленко не согласна с мнением исследователей (предполагаю, что она имеет в виду прежде всего издателей сборника [Азадовский 1990]), что переписка достигает наибольшей интенсивности, когда к ней присоединяется Рильке. Она полагает, что диалог Цветаевой и Пастернака достигает пика после смерти Рильке.

[51] Произведения Цветаевой цит. по: [Цветаева 1994].

ленное «Марине Цветаевой», посвященное двум годам, следующим за перепиской трех поэтов[52].

Третья глава обращается к дискурсу Рильке — Цветаева, и в ней анализируются соответствующие произведения, включая поэму «Новогоднее» и прозаический очерк «Твоя смерть» (оба — 1927 года), а также произведение Рильке «Элегия Марине Цветаевой-Эфрон», написанное в 1926 году[53]. И, наконец, в четвертой главе будет рассмотрено прозаическое произведение Пастернака «Охранная грамота», посвященное памяти Рильке, как завершение этих сложных литературных отношений.

---

[52] Произведения Пастернака цит. по: [Пастернак 2004].

[53] «Elegie an Marina Zwetajewa-Efron» (*нем.*). Оригинал цит. по: [Asadowski 1992: 71–72; «Элегия». Рильке 1971: 354–356].

Глава 2
Цветаева и Пастернак. Пересечение «лирических проводов»

В начале 1920-х годов Пастернака настигает кризис, связанный с сомнениями в значимости лирики во времена, которые, как ему казалось, требовали летописи или эпоса[1]. Кроме того, он видел, как роль поэта в России становится все более незначительной. В отличие от живущей за границей Цветаевой, чей масштаб как поэта осознавали немногие избранные, Пастернак находился в Москве, в гуще литературной жизни России. В то время рос спрос на «профессиональных» литераторов, которые отражали советскую действительность в официально одобренных жанрах: газетных заметках, мемуарах, фельетонах или биографиях — литературе факта [Freidin 1987: 31]. «Жить стихом», как русские поэты-символисты рубежа столетий, становилось все труднее. Стихи Пастернака, посвященные или открыто адресованные Цветаевой, — живое свидетельство того, что он принимал маргинальность поэта, которую диктовала история. Но когда он делился с Цветаевой своими сомнениями, она горячо убеждала его не бросать лирическую поэзию: «Вот я тебя не понимаю: бросить стихи. А потом что? С моста в Москва-реку? Да со стихами, милый друг, как с любовью: пока она тебя не бросит... Ты же у Лиры крепостной»[2].

---

[1] См. введение к [Азадовский 2000: 13]. Ранее диалог поэтов рассматривался мной в статье [Zaslavsky 1998: 161–183].

[2] Письмо от 19 июля 1925 года см. в [Азадовский 2000: 14].

В письмах того времени Пастернак воздает хвалу поэтическому гению Цветаевой: «Какой ты большой, дьявольски большой артист, Марина»[3]. Он не только выражает любовь и восхищение, но признается, что идентифицирует себя с ней до такой степени, что местоимения «я» и «ты» сливаются для него в одно[4]. Его заявление об этом в письме 1926 года перекликается с тем, что говорит Цветаева в стихотворении 1924 года: «знаю: один / Ты равносущ — мне» [Цветаева 1994, 2: 235–238].

В ключевом письме от 25 марта 1926 года Пастернак заявляет, что не может поверить, что Цветаева и вправду женщина, тем самым «поднимая» ее до высшего уровня поэзии — «мужского» — и одновременно ослабляя эротический посыл своих высказываний [Азадовский 2000: 43].

Когда они переписываются в 1926 году, Цветаева живет в эмиграции в Париже. Хотя ее приезд туда приветствовали в литературных кругах[5], очерк «Поэт о критике» настроил против нее многих критиков-эмигрантов, отчего ее поэзия нередко встречает противоречивую реакцию. Пастернак в письмах предлагает ей понимание и утешение. Как красноречиво вспоминает Ариадна Эфрон:

> Пастернак любил ее, понимал, никогда не судил, хвалил — и возведенная циклопической кладкой стена его хвалы ограждала ее от несовместимости с окружающим, от неуместности в окружающем... Марине же похвала была необходима, иначе она зачахла бы от авитаминоза недолюбленности, недопонятости или взорвалась бы от своей несоразмерности аршину, на который мерила ее читающая и критикующая эмиграция [Эфрон 1989: 147].

Пастернак и Цветаева начали писать друг другу еще в 1922 году, до появления «поэтического треугольника» 1926 года[6]. Во

---

3 Письмо от 25 марта 1926 года см. в [Азадовский 2000: 39].

4 Письмо от 5 мая 1926 года см. в [Азадовский 2000: 75].

5 См. [Швейцер 2002].

6 См. [Эфрон 1989: 145]. Бо́льшую часть переписки Цветаевой и Пастернака можно найти в [Коркина, Шевеленко 2004].

время этой переписки Цветаева создала очерк о Пастернаке «Световой ливень», в котором превозносит его, называя «большим поэтом» [Цветаева 1994, 5: 233], на что Пастернак в письмах 1926 года обращается к ней в ответ как к «большому артисту»[7]. В ранних письмах Пастернаку Цветаева чрезвычайно восторженно отзывается о его гении, называя его суть «сверхъестественной»: «Бог задумал вас дубом, а сделал человеком [...]»[8]. Однако в переписке трех поэтов Цветаева обращает этот «мифологический» дискурс к Рильке, а Пастернак становится другом и равным, тем, кого можно и хвалить, и критиковать. Пастернаку она будет посылать свои стихи и обсуждать их, часто в своей всепоглощающе страстной манере. «В нем она обрела ту слуховую прорву, которая единственно вмещала ее с той же ненасытимостью, с которой она творила, жила, чувствовала» [Эфрон 1989: 146].

Цветаева посвятила Пастернаку множество стихотворений и до, и после 1926 года. Виктория Швейцер упоминает по меньшей мере 40 стихов, посвященных Пастернаку за период их дружбы, длившейся с начала 1920-х по крайней мере до середины 1930-х годов[9]. Ариадна Эфрон считает, что: «[...] все, что было создано ею в двадцатые годы и в начале тридцатых [...] — все это было направлено, нацелено на Пастернака...» [Эфрон 1989: 146].

Поэтический ответ Пастернака Цветаевой был иным, более завуалированным, и в то же время более монументальным. Виктория Швейцер упоминает три стихотворения с 1926 по 1928 год [Швейцер 2002: 332]. Одновременно с этим скрытый образ Цветаевой угадывается и в некоторых более крупных работах Пастернака, как, например, героиня Мария Ильина в «Спекторском», многим напоминающая Цветаеву [Rayevsky Hughes 1971: 219]. И, как уже упоминалось, И. Бродский отмечает, что в цикле из двух стихотворений «Магдалина» из «Стихов

---

[7]   См. вышеупомянутое письмо от 5 марта 1926 года в [Азадовский 2000: 39].

[8]   См. письмо от 11 ноября 1923 года [Коркина, Шевеленко 2004: 39].

[9]   К. Чипела глубоко анализирует переписку Цветаевой и Пастернака в своей книге 2006 года «The Same Solitude» [Ciepiela 2006]. Также см. [Fleishman 1989: 58] и [Швейцер 2002: 330].

Юрия Живаго» Пастернак обращается к Цветаевой [Бродский 1997: 156–186]. Более того, в Цветаевой видят и прототип Лары из «Доктора Живаго» [Поливанов 1992: 52–58].

Анализируя переписку и взаимные посвящения двух поэтов, мы видим, что диалог Цветаевой и Пастернака до и во время их переписки с Рильке основывается на особом осознании своей жизненной роли и поэтической миссии. И если Рильке представлял для них образец идеального поэтического существования, в их общении, эпистолярном или стихотворческом, также часто проскальзывают ноты сомнения относительно места лирического поэта в меняющейся культуре XX столетия. Это сомнение звучит в стихотворениях Цветаевой, посвященных Пастернаку, таких как цикл «Провода» 1923 года, «С моря» и «Попытка комнаты» 1926 года. Оно проявляется в образе вечно странствующего поэта-изгнанника, не находящего покоя в современном мире. Для Пастернака вопрос его собственного существования в новом мире также воплощается в метафоре перемещения — его лирический герой, как и лирическая героиня Цветаевой, также оказывается изгнанником. Фундаментальное различие между мировоззрениями их героев состоит в том, в какой мере они принимают приговор окружающего мира: Пастернак видит маргинальное положение поэта как исторически неизбежное, в то время как Цветаева утверждает свое лирическое «я», отрицая этот мир и помещая поэта «по ту сторону добра и зла». В то же время оба поэта унаследовали от своих непосредственных предшественников — символистов — веру в некий «принцип непрестанного горения»[10], ощущение, что на поэта возложена миссия эпохального значения[11]. Именно так Пастернак характеризует значимость роли поэта в посвященном Цветаевой стихотворении, используя образ «горения»: «Он вырвется, курясь, из прорв / Судеб, расплющенных в лепеху, / И внуки скажут, как про торф: / Горит такого-то эпоха» [Пастернак 2004, 1: 214].

---

[10] См. предисловие С. Аверинцева под заголовком «Судьба и весть Осипа Мандельштама» в [Мандельштам 1990: 25].

[11] Введение в эстетику символизма см. в [Paperno, Grossman 1994].

Цветаева, в свою очередь, называла себя «световым оком», глазом поэта, одновременно озирающим и освещающим мир [Цветаева 1994, 3: 119]. Это противоречие между маргинальностью положения поэта и острым осознанием себя миссионером эпохи становится центральной темой диалога Цветаевой и Пастернака 1920-х годов. Адресованный Пастернаку цикл «Провода» точно отражает напряжение, вызванное изначальным противоречием роли и положения поэта [Цветаева 1994, 2: 174–182]. Сама структура «Проводов», основанная на бинарных оппозициях, столь характерных для творчества Цветаевой, передает это напряжение[12]. Склонность к отчаянию и самоуничижению со стороны поэта постоянно стоит бок о бок с утверждением силы и независимости и достигает кульминации в звенящем провозглашении недосягаемого положения поэта в последнем стихотворении цикла.

Эротическая образность «Проводов» служит утверждению исключительности жизни поэта. Первое стихотворение цикла — мелодичное оплакивание отъезда любимого. Оно объединяет образы из греческих мифов — Атланта, Ариадну, Эвридику, таких привычных для поэтики Цветаевой, — с элементами современной цивилизации — проводами и телеграфом:

> Вереницею певчих свай,
> Подпирающих Эмпиреи,
> Посылаю тебе свой пай
> Праха дольнего.
> По аллее
> Вздохов — проволокой к столбу —
> Телеграфное: лю — ю — блю...
> [Цветаева 1994, 2: 174].

Дихотомическая природа этого цикла становится очевидной уже в первой строфе. Лирическая героиня посылает уехавшему возлюбленному свой прах, выпевая при этом сладкозвучную и чарующую мелодию. Она шлет свою песнь, свои вздохи и жа-

---

[12] Ср. [Kroth 1981; Kroth 1979; Фарыно 1981].

лобы в мелодичных словах, выделяя их акустически с помощью растянутых слогов. В первой строфе это глагол «л — ю — блю», во второй — «про — о — щай», за которым следует парономастическое «про — о — стите», за ним идет рифма четвертой строфы: «сли — лись, ве — ер — нись». В пятой это горькое «жа — аль», напоминающее о «жале», о змее, укусившей Эвридику в ногу, отчего она умерла. В последней строфе за обреченным «у — у — вы» следует незавершенное «не у —», — оно звучит как эхо, но можно предположить за ним недосказанное «не уезжай», рифмующееся с «жаль». Чудесная мелодия, повторяемая эхом, завершается укоряющим «обернись», аллюзией на историю Орфея, обернувшегося и навечно потерявшего Эвридику[13].

В первом стихотворении цикла переплетение мифа и реальности, жалобы и желания создает двойственный поэтический мир. Хотя в нем превалирует настроение оплакивания, присутствуют в нем также и противоречивые оттенки — нежность жалобы, упрек в слове «обернись», добавляющие элемент обольщения.

Второе стихотворение усугубляет чувство одиночества и отчаяния первого, однако здесь читатель ощущает и свойственную Цветаевой склонность скрываться в иной реальности, в «других пространствах»:

> Чтоб высказать тебе... да нет, в ряды
> И в рифмы сдавленные... Сердце — шире!
> Боюсь, что мало для такой беды
> Всего Расина и всего Шекспира!
> [Цветаева 1994, 2: 175][14].

Уже первая строфа с отчаянием говорит о страданиях лирической героини, которых не превзойти даже трагедиям Расина или Шекспира. Вторая приравнивает уехавшего возлюбленного к Ипполиту и Тезею. И Федра, и Ариадна были трагически и без-

---

[13] См. [Hasty 1996] о роли образа Орфея в поэтическом дискурсе Цветаевой.

[14] Анализ образа «других пространств» у Цветаевой см. в [Vitins 1977].

ответно влюблены, к этой теме Цветаева позже обратится в своих одноименных трагедиях [Цветаева 1994, 3: 574–686].

Во второй строфе глагол «плакать» повторяется дважды, и слезы мифической Ариадны — словно ответ на плач лирической героини в последней строфе:

> О, по каким морям и городам тебя искать?
> (Незримого — незрячей!)
> Я проводы вверяю проводам,
> И в телеграфный столб упершись — плачу
> [Цветаева 1994, 2: 176].

Слезы и жалобы, на которые первая строфа лишь намекает, здесь слышны в полную силу. В то же время нереальная, нематериальная природа связи между героиней и ее возлюбленным также становится очевидной благодаря аллитерационной и семантической связи «незримого — незрячей». Она доверяет прощание проводам, которые в следующем стихотворении приобретут определение «лирические» — эти метафорические агенты поэзии, связывающие героиню и ее уехавшего возлюбленного. Более позднее признание в письме Пастернаку в нелюбви к этому миру: «Как я не люблю этого — как обижена в этом»[15], — получает самую красноречивую иллюстрацию в образе плачущей женщины, опершейся о телеграфный столб, а ее стихи уносятся по «лирическим проводам».

Два следующих стихотворения цикла во многом составляют бинарную оппозицию, хотя используют схожие образы. Во «Все перебрав и все отбросив» [Цветаева 1994, 2: 176], третьем стихотворении «Проводов», лирическая героиня поглощена собственной страстью, и, кажется, сила ее желания способна везде настигнуть того, на кого она направлена. Однако в следующем стихотворении «Самовластная слобода / Телеграфные провода!» [Цветаева 1994, 2: 177] мы видим, как страсть обращается растерянностью и отчаянием, напоминая о плачущей женщине из второго стихотворения цикла.

---

15 Письмо от 1 января 1927 года, см. [Коркина, Шевеленко 2004: 277].

«Все перебрав и все отбросив» вводит тему поэтессы-ворожеи, которая хочет опутать возлюбленного невидимой и неосязаемой сетью. Между последними двумя строками четвертой строфы и шестой, финальной строфы есть ясная семантическая и синтаксическая связь: «Столь явственно и повсеместно / И длительно тебя вяжу. [...]. Весною стоков водосточных / И проволокою пространств» [Цветаева 1994, 2: 176].

Между этими четверостишиями — выражение предельной страсти, такой характерной для отношений Цветаевой с теми, кого она любила: «Мои неизданные вздохи / Моя неистовая страсть» [Цветаева 1994, 2: 176].

Повторяющееся местоимение «мой» придает ее голосу самодостаточность и превосходство. В стихотворении нет явных мифологических образов, однако есть скрытая метонимическая связь между глаголом «вяжу» и клубком нити Ариадны, который вывел Тезея из лабиринта.

Четвертое стихотворение «Самовластная слобода / Телеграфные провода!» — словно крик страсти и отчаяния:

> Вожделений — моих выспренных,
> Крик — из чрева и на ветр!
> Это сердце мое, искрою
> Магнетической — рвет метр
> [Цветаева 1994, 2: 177].

Образы этого стихотворения во многом схожи с третьим — провода и столбы становятся проводниками поэтических откровений. В то же время голос поэта здесь теряет свою силу. Он становится голосом боли. Стихотворение начинается страстными восклицаниями, выражением физической жажды, «криком из чрева». Однако поэт должен разрешить противоречие между страстью и законами поэзии. «Метр и меру?» — вопрошает она, возможно, отсылая к знаменитому изречению Гёте о законах классической поэзии: «Лишь в чувстве меры мастерство приметно» [Гёте 1975, 1: 251]. То, как безжизненный, метрически выверенный стих побежден лихим, свободно летящим во времени (в четвертое измерение) свистом, показывает нам иконоборческую природу героини, ее страстное отрицание норм:

— «Метр и меру?» Но чет — вертое
Измерение мстит! — Мчись
Над метрическими — мертвыми —
Лжесвидетельствами — свист
[Цветаева 1994, 2: 177].

То же четвертое измерение вновь возникает в посвящении Пастернаку цикла «Двое»: «моему брату в пятом времени года, шестом чувстве и четвертом измерении — Борису Пастернаку» [Цветаева 1994, 2: 512]. Так поэт может одержать победу над законами, обязательными для простых смертных, привлекая в союзники сверхъестественные элементы — несуществующее время года, чувства и измерения. Но следующее стихотворение обращает триумф вспять, подвергая сомнению власть поэтического слова и возвращаясь к отчаянию и одиночеству плачущей женщины, заклинающей провода и телеграфные столбы:

Тсс... А ежели вдруг (всюду же
Провода и столбы?) лоб
Заломивши поймешь:
Словеса сии — лишь вопль
Соловьиный, с пути сбившийся:
— Без любимого мир пуст!
В Лиру рук твоих влю — бившийся,
И в Лейлу твоих уст!
[Цветаева 1994, 2: 177–178].

Отчаяние в концовке этого стихотворения характерно для апострофы, посвящения далекому возлюбленному, оно наполнено романтическим смыслом, ведь причина горестного уныния лирической героини здесь — разлука, что напоминает элегии Пушкина и Лермонтова, написанные в русской романтической традиции. И в то же время стихотворение это вполне модернистское благодаря андрогинному образу возлюбленного, которому адресовано[16]. С одной стороны, это мужчина (любимый), с другой, — его уста метонимически сравниваются с Лейлой, женским архетипом арабской поэзии. Вновь очевиден дихотомический характер этого поэтического цикла.

В этой его части лирическая героиня полностью утрачивает надежду: боль, вызванная отъездом возлюбленного, усугубляется всепоглощающим отчаянием поэта, сомневающегося в своих творческих силах и, более того, в самой поэзии.

Среднее, пятое стихотворение «Проводов» отмечено началом нисхождения поэта в запредельный мир, столь важный для поэтики Цветаевой. Двойственная тенденция мифологизации и очеловечивания во второй половине цикла достигает кульминации в утверждении автора в последнем стихотворении, что она-поэт преодолеет любые препятствия силой своих творений:

> Песнь! С этим первенцем, что пуще
> Всех первенцев и всех Рахилей...
> — Недр достовернейшую гущу
> Я мнимостями пересилю!
> [Цветаева 1994, 2: 182].

Но до того, как дать это обещание, она должна развеять представление о себе как о колдунье, пытающейся приворожить возлюбленного: «Не чернокнижница!» — восклицает она в начале пятого стихотворения; «Упокоительница», — мягко заверяет в конце. Между этими двумя утверждениями — водоворот поэтических ассоциаций, в центре которого лирическая героиня:

> Не чернокнижница! В белой книге
> Далей донских навострила взгляд!
> Где бы ты ни был — тебя настигну
> Выстрадаю — и верну назад!
> [Цветаева 1994, 2: 172].

---

16 См. [Wachtel 2004: 46] о посвящениях в русской поэзии. Также У. Уотерс полагает на ту же тему [Waters 2003], что посвящения в неменьшей степени адресованы читателю поэзии. Содержательно об андрогинности у Цветаевой см. в [Kroth 1979].

Упоминание реки Дон здесь далеко не случайно: в одноименном раннем цикле Цветаевой имя реки служило символом доблести и юности: «Молодость — Доблесть — Вандея — Дон» [Цветаева 1994, 1: 390–391]. Стоит заметить, что Пастернака эта река также восхищала, в особенности — мощные угольные пласты Донского бассейна, часто упоминаемые в официальной советской литературе из-за их важности для революционной Советской России. Так, подписывая для Цветаевой «Темы и вариации», Пастернак напишет: «Несравненному поэту Марине Цветаевой, "донецкой, горючей и адской"» [Пастернак 2004, 1: 492]. Образ Дона в цикле «Провода» — образ доблести, храбрости и безграничности земли. Самовосприятие поэтессы, метонимически связанное с бескрайней землей, выражает концепцию могучей силы, к которой причастна лирическая героиня. Далее в стихотворении предстает множество ее образов. Первый перекликается с традиционным понятием вечной сущности поэта в мужской романтической поэзии: «[...] Я всюду. Зори и руды я, хлеб и вздох [...]» [Цветаева 1994, 2: 178]. Но образ вездесущего поэта-творца немедленно сопрягается с эротическим образом соблазнительницы, и конечный образ совмещает в себе черты и традиционно романтические, и религиозные, и эротические.

Множественность художественных образов поэтической самоидентификации на этом не заканчивается. Хотя героиня отрицает свой союз с темными силами в начале стихотворения, вскоре она это опровергает:

Через дыхание — в час твой хриплый,
Через архангельского суда
Изгороди! — Все уста о шипья
Выкровяню и верну с одра!
[...]
Через дыхание... (Перси взмыли,
Веки не видят, вкруг уст — слюда...)
Как прозорливица — Самуила
Выморочу — и вернусь одна
[Цветаева 1994, 2: 178].

В зловещем уподоблении себя библейской ворожее Цветаева ссылается на образ колдуньи, вызвавшей по просьбе царя Савла дух мертвого пророка Самуила, который предсказал Савлу потерю трона и гибель. У ворожеи Цветаевой нет иного выбора, кроме как вызвать дух возлюбленного, раз в этом мире ей отказано в любви: «Ибо другая с тобой [...]» [Цветаева 1994, 2: 179]. В мире ином у провидицы нет препятствий: «Есмь я и буду я, и добуду / Губы — как душу добудет Бог [...]» [Цветаева 1994, 2: 179]. Множество аллюзий, от библейских до чародейских, призваны показать дарованную лирической героине почти божественную силу[17].

И вновь демонстрируя любовь Цветаевой к контрастам[18], в следующем, шестом стихотворении важность и могущество лирической героини сходят на нет:

> Час, когда вверху цари
> И дары друг к другу едут.
> (Час, когда иду с горы):
> Горы начинают ведать
> [Цветаева 1994, 2: 179].

Образность этого стихотворения напоминает ее более ранние стихи из цикла «Вифлеем», адресованные другому поэту, Александру Блоку: «Три царя / Три ларя / С ценными дарами» [Цветаева 1994, 2: 74]. Новозаветные мотивы трех волхвов, едущих с дарами через гору, с которой спускается героиня, очевидно причастная к этому волшебству, но уже не центр его и не та, кому предназначена их дань, явственно снижают значимость лирической героини. В то же время тут вновь задействован знакомый двойственный процесс мифологизации и очеловечивания. В этом стихотворении двойное присутствие героини как человека и как библейского персонажа, наделенного сверхъестественной силой,

---

17 Томас Венцлова о «Поэме Горы» и «Поэме Конца»: «Цветаева свободно сочетала библейские, античные и многие другие (славянские, германские...) мифологические мотивы», — см. в [Венцлова 2012: 163–173].

18 См. [Vitins 1987: 150].

придает ей черты пророчицы, дает ей дар провидения — «души начинают видеть» [Цветаева 1994, 2: 179], что вновь говорит о ее непрерывном диалоге с «посвященными», другими поэтами или родственными душами[19].

Этот диалог продолжается и в седьмом стихотворении, где возлюбленный неожиданно оборачивается братом, другом и гостем:

В час, когда мой милый брат
Миновал последний вяз
(Взмахов, выстроенных в ряд),
Были слезы — больше глаз.

В час, когда мой милый друг
Огибал последний мыс
(Вздохов мысленных: вернись!),
Были взмахи — больше рук.
[...]
В час, когда мой милый гость...
— Господи, взгляни на нас! —
Были слёзы больше глаз
Человеческих и звезд
Атлантических
[Цветаева 1994, 2: 178–179].

Здесь героиня предстает невероятно уязвимой, в особенности по сравнению с ее прежним властным образом пророчицы. В то же время вновь появляется мотив всесокрушающего горя, и она теряет последнюю видимость самообладания. Обессиливающее горе физически ощутимо, этот распад сродни смерти Орфея, разрываемого на части Менадами[20]:

---

[19] Редакторы наиболее полного на данный момент собрания переписки Цветаевой и Пастернака 1922–1926 годов Е. Коркина и И. Шевеленко выбрали эту строку в качестве заглавия для своей книги [Коркина, Шевеленко 2004].

[20] См. работу О. Петерс Хейсти об образе Орфея у Цветаевой [Hasty 1996]. К. Азадовский озаглавил предисловия к немецкому и русскому изданиям переписки Цветаевой и Пастернака «Орфей и Психея» [Азадовский 1992; Asadowski 1992].

> Точно руки — вслед — от плеч!
> Точно губы вслед — заклясть!
> Звуки растеряла речь,
> Пальцы растеряла пясть
> [Цветаева 1994, 2: 180].

Здесь, точно так же, как и в шестом стихотворении цикла, «я» лирической героини практически отсутствует, но проявляется через метонимические ассоциации. Эротическая тема, столь явная в первых пяти стихотворениях цикла, вновь возникает в восьмом темой разлуки, преобразующейся в тему ожидания:

> Терпеливо, как щебень бьют,
> Терпеливо, как смерти ждут,
> Терпеливо, как месть лелеют —
>
> Буду ждать тебя (пальцы в жгут —
> Так Монархини ждёт наложник)
> Терпеливо, как рифмы ждут
> Терпеливо, как руки гложут
> [Цветаева 1994, 2: 180].

Заметная и ранее андрогинность лирической героини появляется вновь в строке «так Монархини ждет наложник», где объектом метонимического переноса неожиданно становится раб мужского пола. В последних строфах опять возникает мотив собственнического желания обладания:

> И домой:
> В неземной —
> Да мой
> [Цветаева 1994, 2: 180].

Эхом звучащая комбинация «домой — да мой» через прилагательное «неземной» связывает мир других пространств, полностью принадлежащий лирической героине, с полным обладанием любимым поэтом в том запредельном мире.

В предпоследнем стихотворении повторяется мотив ожидания, лирическая героиня ждет встречи в другом мире. Это, как часто упоминает Цветаева, ее любимая форма общения[21]. Тон стихотворения меняется от терпеливого ожидания до трагедии. Печаль — ключевое слово, семантически и синтаксически связывающее большинство строк:

> Кому печаль мою вручу,
> Кому печаль мою повем
> [...] О, печаль
> Плачущих без плеча!
> О том, что памятью с перста
> Спадет, и камешком с моста...
> [...]
> Служить — безвыездно — навек,
> И жить — пожизненно — без нег [...]
>
> О том, что тише ты и я
> Травы, руды, беды, воды...
> О том, что выстрочит швея:
> Рабы — рабы — рабы — рабы.
> [Цветаева 1994, 2: 181].

Здесь вновь мифологические, сновидческие мотивы переплетаются с реальными образами горя и отчаяния. Хорошо известно, какой трудной была жизнь Цветаевой в эмиграции. В письме Пастернаку, отправленном за месяц до написания этого стихотворения, она упоминала трудности быта, ношу, которую ей предстояло нести до конца дней: «У меня (окружающих) очень трудная жизнь. С моим отъездом весь чертов быт на них»[22]. И действительно, самая очевидная интерпретация двух последних четверостиший связана с беспросветно тяжелой ежедневной рутиной. Но бесправная швея из последнего четверостишия — это и образ существования поэта. Она вновь и вновь строчит слово «рабы», и в этом действии можно усмотреть связь с цветаевским определением лирической поэзии —

---

21 Письмо от 19 ноября 1922 года [Коркина, Шевеленко 2004: 23].
22 Письмо от 9 марта 1923 года [Коркина, Шевеленко 2004: 49].

«линия пунктиром»[23]. Замечание Цветаевой в письме, что писать стихи — все равно что время от времени умирать («и вы от стиха до стиха умираете»[24]), здесь немного изменено, смерть заменена рабством. Поэт — раб своего призвания, что напоминает знаменитые строки Пастернака, что художник — «вечности заложник / У времени в плену»[25]. Тот факт, что она вовлекает в это рабское существование адресата своих посвящений — еще одно свидетельство того, что она видит их равными.

Последнее стихотворение цикла звучит настойчивым утверждением. Поскольку это утверждение превосходства существования поэта над бытием, превосходства воображаемого над реальным («Недр достовернейшую гущу / Я мнимостями пересилю» [Цветаева 1994, 2: 182]), общий тон стихотворения — торжествующий, придающий оптимистическую ноту всему циклу. Как было замечено ранее, в поэзии Цветаевой часто появляются андрогинные образы, но последнее стихотворение — это торжество женского начала как источника сокровищ поэзии:

Шаль, узнаешь ее? Простудой
Запахнутую, жарче ада
Распахнутую...
Знай, что чудо
Недр — под полой живое чадо:
Песнь! С этим первенцем, что пуще
Всех первенцев и всех Рахилей
— Недр достовернейшую гущу
Я мнимостями пересилю!
[Цветаева 1994, 2: 182].

Сочетание элементов поэтических и эротических здесь очень динамично: шаль, напоминающая о стихотворном цикле Цветае-

[23] Письмо от 11 февраля 1923 года [Коркина, Шевеленко 2004: 40].

[24] Письмо от 11 февраля 1923 года [Коркина, Шевеленко 2004: 40].

[25] Стихотворение «Ночь» [Пастернак 2004, 2: 114]. Анализ этого знаменитого стихотворения 1957 года, написанного 30 годами позже переписки с Цветаевой, но отражающего всегда присущий Пастернаку взгляд на роль поэта, можно найти в [Быков 2006: 760].

вой «Под шалью»²⁶, становится укрытием, где совершается чудо рождения, местом, дающим жизнь голосу поэта. Это гимн женскому началу и его творческому потенциалу, способному пережить и преодолеть все невзгоды существования.

Лирическая героиня цикла «Провода» проходит через несколько стадий стилизации и трансформации образов. Ее личность, словно Протей, меняется от соблазнительницы²⁷, колдуньи, жертвы — к поэту, перешагивающему пределы вечности [Фарыно 1981: 43]. В последнем стихотворении женское тело выступает метафорой, образ стихов отождествляется с образом вынашиваемого ребенка²⁸. Эта символика, с одной стороны, усиливает эротическую образность цикла, с другой — подчеркивает первичность поэтического начала (появление стиха на свет подобно рождению потомства).

В исследовании поэзии XX века Светлана Бойм замечает, что всю свою жизнь Цветаева «нуждалась в эротической интертекстуальности [...] — не борьбе за первенство, не эдиповом соперничестве с другими поэтами, но в том, что можно назвать "структурой любви"» [Boym 1991: 200]. Это замечание, безусловно, верно для многих произведений Цветаевой, адресованных равным ей поэтам, но важно отметить, что в этих стихах «эротическая интертекстуальность» почти всегда превращается в поэтический дискурс. Первичность поэтического творчества, утверждаемая в последнем стихотворении «Проводов», становится и темой цикла из трех стихотворений «Двое», продолжающего поэтический диалог с Пастернаком.

Цветаева пишет цикл «Двое», который прямо посвящает Пастернаку, в 1924 году, год спустя после «Проводов» [Цветаева 1994, 2: 235–238]. В нем лирическая героиня отрицает саму возможность сравнения любви и поэзии. Ключевая тема цикла —

---

²⁶ «Под шалью» 1924 год в [Цветаева 1994, 2: 239–241].

²⁷ В своей работе «Структура "Проводов" Марины Цветаевой» И. Витинс прослеживает преображение разных стадий эротического желания в стихи [Vitins 1987: 150].

²⁸ Исследование тела в поэзии Цветаевой см. у [Sandler 1990: 139–155; Forrester 1992].

разлука двух любящих, которые, в свою очередь, представляют двух поэтов, Цветаеву и Пастернака, не только как равных по поэтическому дару, но и как обреченных на расставание:

> Есть рифмы в мире сем
> Разъединишь — и дрогнет
> [Цветаева 1994, 2: 235].

Исследователи отмечают противопоставление в поэтике Цветаевой любви и поэзии[29]. Хотя эта оппозиция и не универсальна в творчестве Цветаевой — поэзия и любовь вполне могут сосуществовать в мирах воображаемых, — она верна для ее видения мира реального. Так в первом стихотворении из цикла «Двое» поэзия разделяет двух великих любовников, представляемых как Елена и Ахилл классической Античности. Лирическая героиня пронизывающим все стихотворение тоном обвинителя упрекает Гомера за разлуку Елены Троянской и Ахилла. Рифма становится метафорой разлуки любящих, словно бы созданных друг для друга:

> [...] Что нужд
> В рифме? Елена, старься!
> ...Ахеи лучший муж!
> Сладостнейшая Спарты!
> [Цветаева 1994, 2: 236].

Мотивом разлуки наполнен и цикл «Провода», но в первом стихотворении цикла «Двое» голос лирической героини не похож на плач; скорее, в нем можно услышать спокойствие и грусть. Трагичный, но сдержанный тон первых шести четверостиший в конце сменяется обреченностью:

> Лишь шорохом древес
> Миртовых, сном кифары:
> «Елена: Ахиллес:
> Разрозненная пара»
> [Цветаева 1994, 2: 236].

---

[29] См. [Kroth 1981: 19].

То, как Цветаева использует кавычки и двоеточие, придает последним двум строкам вид непосредственного лаконичного высказывания, словно утверждающего расставание. При этом ритмическое и семантическое устройство стиха не поддерживает кажущуюся уверенность интонации: регулярность ямба и медитативное семантическое единство первых двух строк четверостишия в третьей прерываются двумя паузами, а затем фразой-оксюмороном «разрозненная пара»[30]. Это противоречие внутри строфы придает стихотворению оттенок тревоги.

Второе стихотворение цикла продолжает тему неизбежного расставания влюбленных:

> Не суждено, чтобы сильный с сильным
> Соединились бы в мире сем.
> Так разминулись Зигфрид с Брунгильдой,
> Брачное дело решив мечом
> [Цветаева 1994, 2: 236].

Анафорическое «Порознь!» [Цветаева 1994, 2: 236] первых трех строк третьей строфы, за которым следует трагическое: «Поздно и порознь — вот наш брак», создает настроение безнадежности, столь характерное для многих частей цикла «Провода». При этом, как часто бывает в стихах Цветаевой, неизбежное вторжение реальности заставляет героиню утверждать свою силу через отрицание. Тире в последних двух строках подчеркивают равенство двоих («равный — с равным») и в то же время уникальность обоих («мы»): «Не суждено, чтобы равный — с равным / Так разминовываемся — мы» [Цветаева 1994, 2: 237].

Третье, венчающее цикл стихотворение сочетает лексику агиографическую («хощем — равномощен») с обыденной[31]. Здесь утверждаются витальность и поэтический гений героини путем перечисления этих качеств у ее неназванного «равного»:

---

[30] См. [Kroth 1981: 8].
[31] См. [Зубова 1985].

В мире, где всяк
Сгорблен и взмылен,
Знаю — один
Мне равносилен.

В мире, где столь
Многого хощем,
Знаю — один
Мне равномощен.

В мире, где всё —
Плесень и плющ,
Знаю: один
Ты — равносущ
Мне
[Цветаева 1994, 2: 237–238].

В своей книге о Цветаевой Джейн Таубман предполагает, что
это стихотворение сконструировано как загадка, в которой на
скрытый вопрос первых двух строф дан ответ в финальных пяти
строках [Таубман 2000: 247]. Таубман заключает, что Цветаева
здесь вовлекается в «поэтический поединок», «поменяв местами
“ты” и “мне” в последней строфе» [Таубман 2000: 247]. Мое прочтение этого стихотворения не предполагает «поединка». Напротив, лирическая героиня уверяет адресата (и читателя) в своем
поэтическом превосходстве, заканчивая стихотворение личным
местоимением (мне), тем самым выделяя именно первое лицо.
Другого поэта, Пастернака, следует мерить через призму поэтического совершенства, воплощаемого лирической героиней
Цветаевой. Он — равный, но ни в коей мере не соперник, ведь
по логике стихотворения ее уникальность, как и Елены Троянской, — неоспорима и непревзойденна.

В обоих адресованных Пастернаку поэтических циклах, написанных в течение года, еще до переписки трех поэтов в 1926 году, в языке лирической героини преобладает тема поэзии и желание царить в ее мире. Как упомянуто во введении к этой
книге, такая вовлеченность восходит к романтической традиции,
той, что в России воплощена в культе Пушкина. Знаменитые

строки Пушкина о воздвижении себе памятника в виде собственных стихов, несомненно, присутствуют в поэтике Цветаевой. При этом «самопредставление» Цветаевой было очень созвучно духу ее времени[32]. Спустя полвека после гибели Пушкина «культурный миф» о поэте как харизматической фигуре с уникальным статусом был подхвачен символистами и постсимволистами[33]. Среди современников Цветаевой этот культурный миф естественным образом перешел от стихов к биографии автора, размывая границы между поэзией и жизнью. Примеры тому — жизнь и творчество Маяковского, Ахматовой, Мандельштама и многих других[34].

В 1926 году, когда Цветаева пишет поэмы «С моря» и «Попытка комнаты», вдохновленные раздумьями о Пастернаке, ее мысли о себе облекаются в новую поэтическую форму [Цветаева 1994, 3: 109–120][35]. В этих стихах она переходит от оптимизма к разочарованию и, наконец, к напоминающему сон состоянию, эта трансформация напоминает цикл «Провода», но в другой последовательности. Название «С моря» по контрасту с пушкинским «К морю» приводит на память известную нелюбовь Цветаевой к этой стихии. Сопоставляя ее представление о море как о чем-то холодном, плоском, напоминающем гигантское блюдце, с пушкинской и пастернаковской «свободной стихией», мы видим, что она внесла лепту в развенчивание канонического романтического образа моря[36]. Так, С. Карлинский полагает, что «"С моря" — умышленная антитеза морским пейзажам Пушкина и Пастернака»[37]. В то же время привычная дихотомия поэтического мира Цветаевой диктует то, что ее концепция моря в стихотворении

---

[32] О «самопредставлении» поэтов см. в [Freidin 1987].

[33] Об общем понятии «культурного мифа», см. [Barthes 1975].

[34] См. [Фрейдин 1991: 9–31].

[35] Ранее эти стихотворения рассматривались в [Zaslavsky 1998: 161–183].

[36] О нелюбви Цветаевой к морю см. ее письмо Пастернаку от 23 мая 1926 года в [Азадовский 2000: 122], где она пишет: «Столько места, а ходить нельзя».

[37] Карлинский С. «Пастернак, Пушкин и океан в поэме Марины Цветаевой "С моря"» [Fleishman 1989: 53].

трансформируется: изначально дружелюбное, море становится враждебной стихией, угрожающей героине и ее адресату. Разрешением конфликта, как во многих произведениях Цветаевой, становится перемещение героини и ее адресата в область воображаемого.

Фрейдистское толкование сновидений подразумевает анализ ассоциаций, которые вызывает конкретный сон [Freud 1965: 11]. В поэме «С моря» этих ассоциаций много, и они разнообразны, начиная от написания стихов до воспоминаний детства, новорожденного сына Пастернака, ревности. Поэма логично подразделяется на три части. С переходом из одной в другую отношения между лирической героиней и ее адресатом — Пастернаком — меняются, переходя от обмена воспоминаниями детства к обозначению разницы политических позиций, а в конце — к напоминающему сон свиданию.

Порывистый ритм начала поэмы соответствует его смыслу:

> Молниеносный
> Путь — запасной;
> Из своего сна
> Прыгнула в твой
> [Цветаева 1994, 3: 109].

Здесь лирическая героиня предстает сильной и жизнерадостной, ее характер выражен в смешении физических характеристик и букв, составляющих текст:

> Нос, твердозначен
> Лоб, буква букв —
> Ять, Ять без сдачи
> В подписи губ
> [Цветаева 1994, 3: 110].

Море здесь — доброе и ребячливое, непохожее на гордую «свободную стихию», так что поэту легко пренебрежительно назвать его «глупым». Но она зовет своего адресата поучаствовать в играх моря.

Море играло, играть — быть глупым.
Думать — седая прядь! —
Умным. Давай играть!
[Цветаева 1994, 3: 110].

Выброшенные на берег ракушки вызывают у лирической героини множество ассоциаций: «Эта, обзор трех куч / Детства скрипичный ключ [...] К нам на кровать твоего бы сына / Третьим — нельзя ль в игру? [...] Стой-ка: гремучей змеи обноски: / Ревности!» [Цветаева 1994, 3: 110–111]. Окончание этой части — романтическое подтверждение силы поэзии:

Над откровеньем.
— Спят цензора! —
Нашей поэме
Цензор — заря
[Цветаева 1994, 3: 111].

Вторая часть открывается описанием разрушительной силы моря:

Мельня ты мельня, морское коло!
Мамонта, бабочку — все смололо
Море. О нем — щепоть
Праха — не нам молоть
[Цветаева 1994, 3: 112].

Изменение в восприятии моря говорит об изменении в восприятии себя лирической героиней. Первоначальное совершенство: «Я — без описки, / Я — без помарки» [Цветаева 1994, 3: 110], — переходит в покаянное описание ее разрушительных возможностей («Я нанесла тебе столько дряни / [...] Я нанесла тебе столько вздору») [Цветаева 1994, 3: 112]. В то же время очевидной становится и разница политических позиций героини и ее адресата: она живет в Вандее, колыбели роялистской крестьянской оппозиции Французской революции, а Пастернак — в Советской России:

Советороссию с Океаном
Республиканцу — рукой шуана —
Сам Океан — Велик
Шлёт. Нацепи на шлык
[Цветаева 1994, 3: 113].

«Океан» здесь сменяет море и как реалистический, и как мифологический троп. Цветаева ведет читателя с настоящего побережья Атлантики, из Вандеи, где она создает свою поэму, через
«Океан — Велик», словно бы взятый из народной сказки, напоминающий о пушкинском «море-окияне» из «Сказки о царе
Салтане». Так суровая реальность героини интертекстуально
переплетается с идеальным миром ее детства, смягчая суровость
послания. Цветаева завершает вторую часть политическим обвинением, в котором сравнивает с кораблекрушением предположительно поддерживаемое Пастернаком уничтожение России
советским режимом:

— Имени — звания не спросила —
Что на корме корабля Россия
Весь корабельный крах:
Вещь о пяти концах
[Цветаева 1994, 3: 113].

Так умиротворенность моря в первой части во второй исчезает из-за потенциала разрушения, который оно несет. В третьей
части, заметно более короткой, чем предшествующие, героиня
приглашает героя в мир сна («давай уснем»). Этот уход в любимое
состояние Цветаевой вновь подчеркивает двойственную природу поэтического дискурса. Воображаемое царство — то, где она
сможет беспрепятственно царить.

В поэме 1926 года «Попытка комнаты» [Цветаева 1994,
3: 114–119], которая, по словам самой Цветаевой, была адресована и Пастернаку, и Рильке, героиня утверждает свои права
в вымышленном мире — не в мире сна, как в поэме «С моря»,
а в некоей воображаемой пустоте[38]. Здесь Цветаева, скорее, со-

---

[38] См. письмо Цветаевой Пастернаку от 8–9 февраля 1927 года [Азадовский
2000: 228].

здает «язык "отсутствия", чем присутствия»³⁹. Хотя «Попытку комнаты» чаще интерпретируют как «неудачу коммуникации» [Vitins 1977: 651], сама идея встречи в реальности не соответствует поэтическому видению мира Цветаевой; во всех ее стихах, адресованных Пастернаку, она с самого начала оставляет всякую надежду на общение в реальном мире. Ее лирическая героиня ищет истинной встречи в воображаемом мире поэзии, где ощущает себя сильной и непобедимой.

Цветаева использует в этом стихотворении подчеркнуто модернистскую «логику пространства». Тут очень уместно вспомнить слова Дж. Фрэнка о требованиях, предъявляемых современной поэзией к читателю:

Вместо инстинктивного, непосредственного соотнесения слов и фрагментов с предметами и событиями, обозначениями которых они являются, когда значение возникает как результат последовательных актов внешней референции, современная поэзия предлагает задержать этот процесс внешнего упорядочивания, пока система внутренних референций не будет осознана как единое целое [Фрэнк 2007: 199].

При взгляде на поэму как на единое целое цветаевская склонность к контрастам становится более оправданной. Объекты либо возникают из первичного ничего, либо пропадают в пустоте. Так в первой строфе четвертая стена комнаты вновь возникает как стоящая стеной призрачная расстрельная команда тайной полиции: «Та — рассветов, ну та — расстрелов» [Цветаева 1994, 3: 115]. В то же время пол, казавшийся таким твердым и надежным вначале («Пол — для ног / Как внедрен человек / как вкраплен!» [Цветаева 1994, 3: 115]), ближе к концу поэмы превращается в пропасть. Коридоры, когда-то такие надежные («в чем уверена — в коридорах» [Цветаева 1994, 3: 117]), становятся путями для стоков крови:

---

³⁹ См. понятие «a language of absence» в поэзии в [Kristeva 1984: 93].

Кто коридоры строил
(Рыл), знал куда загнуть,
Чтобы дать время крови за угол завернуть
[Цветаева 1994, 3: 118].

И вдруг неожиданно возвращаются к прежнему безобидному образу:

[...] Коридор сей создан
Мной (не поэт — спроста!),
Чтобы дать время мозгу
Распределить места, [...]

Так объекты и концепции в этом стихотворении все время подвижны, что в целом характерно для творчества Цветаевой. При этом «я» лирической героини остается наиболее неизменным элементом в постоянно меняющемся мире стихотворения. Утверждение этой незыблемости начинается с отрицания («не поэт») в процитированной выше строфе. Затем, несколькими строфами ниже, анафорически повторенное «это я» усиливает его смысл, в особенности последнее повторение: «это я — световое око» [Цветаева 1994, 3: 118]. Образ лирической героини как будто все более проявляется во плоти через зримо изображаемый физический контакт с адресатом стиха: «Был — подъём, / Был — наклон / Лба — и лба» [Цветаева 1994, 3: 119]. Но эта попытка обречена, и поэту остается только невесомая сфера поэзии: «Весь поэт на одном тире / Держится...» [Цветаева 1994, 3: 119]. Хотя ее адресат — родственная ей поэтическая душа, именно цветаевская лирическая героиня торжествует в конце, воссоздавая нематериальный мир.

Попытки Цветаевой утвердить свое поэтическое превосходство в двух поэтических циклах, предшествующих переписке поэтов 1926 года, и в двух поэмах, написанных в том же году, дали разные результаты. Если в двух циклах она использует технику одновременно мифологизации и очеловечивания, то в двух поэмах мифологические образы заменяет все более явный язык «отсутствия». Здесь Цветаева применяет тот поэтический дискурс, который Кристева назвала «метаязыком», сигнифицирующей практикой, «подчиняющей негативность аффирмации» [Kristeva 1984: 93]. Другой пример обращения Цветаевой к негативной аффирмации — поэма «Новогоднее», ее послание в стихах, адресованное Рильке, которое мы подробно рассмотрим в следующей главе. Таким образом, Цветаева использует метаязык, где негативность становится аффирмацией, в своих обращениях как к Пастернаку, так и к Рильке. В поэмах «С моря» и «Попытка комнаты» Цветаева утверждает первичность поэзии над действительностью[40].

Пренебрежение поэта миром — концепция романтическая, широко популярная среди предшественников Цветаевой, русских символистов[41]. Однако для символистов назначение поэта — создание духовного святилища[42], в то время как для Цветаевой эта концепция связана с миром языка поэта. «Поработить видимое для служения незримому» — так она однажды высказалась о назначении поэта [Цветаева 1994, 5: 284]. Но незримым для Цветаевой был не потусторонний мир религии, а мир ее поэтического слуха, умение «услышать» стихи до их появления на бумаге: «Верно услышать — вот моя забота. У меня нет другой», — заявляет она категорично в очерке «Поэт о критике» 1926 года [Цветаева 1994, 5: 285].

«Самопредставление» Цветаевой, поэтическая самоидентификация поэта, который находит себе место только в языке, — один из важных лейтмотивов ее поэтической карьеры. В очерке «Поэт и время», созданном после того, как ее поэтические посвящения Пастернаку постепенно переходят в эссеистику, она пишет о шаткости, двойственности положения поэта в мире, подчеркивая его маргинальность и в то же время его долг перед вечностью:

[40] Анализируя западноевропейскую лирику, Г. Фридрих в [Friedrich 1956: 19] утверждает, что она оперирует категориями негативными — гипотеза, легко применимая к поэзии Цветаевой.

[41] Обзор эстетических теорий символистов см. в [Paperno, Grossman 1994: 13–23].

[42] Известным сторонником взгляда, что художественное творчество имеет религиозную значимость, был Андрей Белый (см. его статью «Проблема культуры» в [Белый 1910]).

«Всякий поэт по существу эмигрант, даже в России. Эмигрант Царства Небесного и земного рая природы. На поэте — на всех людях искусства — но на поэте больше всего — особая печать неуюта [...]» [Цветаева 1994, 5: 335].

В адресованной Рильке поэме «Новогоднее» Цветаева возвращает своего идеального поэта «в свое небо», в прекрасный вечный мир. До написания «Новогоднего» она пытается в диалоге с Пастернаком установить грань между этим и иным мирами, которую и пересечет в «Новогоднем».

Но как тогда оценивать вклад Пастернака в эти сложнейшие поэтические взаимоотношения? Хотя Цветаевой было адресовано меньше посвящений от Пастернака, чем ему от нее, отношение к ней и к теме предназначения поэта являются важнейшими для его поэтики середины 1920-х годов прошлого столетия.

Как ранее упоминалось в этой главе, письма Пастернака Цветаевой 1926 года обнаруживают его восторг перед ее поэтическим даром и личностью: «Ты — большой поэт» [Азадовский 1990: 143][43]. Наряду с эротизацией ее образа, Пастернак воспевает ее талант как равный любому поэту-мужчине, тем самым придавая образу Цветаевой андрогинные черты. Он видит в ней друга и союзника, доходит даже до утверждения, что их поэтические «я» идентичны и практически взаимозаменяемы [Азадовский 2000: 75]. Тон писем Пастернака этого периода дышит страстью, которая удивительным образом предвосхищает ее восторженные послания Рильке. Однако в посвященных Цветаевой стихотворениях этой страсти нет. В них и лирический герой, и адресат его стихов становятся субъектами всеобъемлющего исторического процесса.

Взгляды Пастернака на отношения между поэтом и историей менялись от первоначального мнения о том, что между историческим процессом и лирикой существует фундаментальный разрыв, до утверждения, что эти две сферы взаимосвязаны. В раннем очерке «Черный бокал» он пишет, что реальность де-

---

43 Более ранний, противоположный взгляд Цветаевой — см. «Световой ливень» [Цветаева 1994, 5: 233].

лится на две сферы, лирической поэзии и истории [Пастернак 2004, 5: 15], и что искусство никогда нельзя связывать с историческим процессом — оно находится вне его [Пастернак 2004, 5: 358][44]. Позже, в 1920-е годы, наблюдая тяжелейший процесс становления Советского государства и предвидя дальнейшие исторические катаклизмы, Пастернак приходит к противоположному заключению о неразрывной связи истории и поэзии. Письмо к Цветаевой 1925 года, где он пишет о своем желании оставить лирику ради крупного исторического эпоса, — показательный пример его настроений того времени[45].

Воззрения Пастернака, отраженные в произведениях, посвященных Цветаевой, близки к ее восприятию реальности, но весьма отличаются в понимании того, какое место в ней должен занимать поэт. Действительность для Пастернака так же трудна и опасна, но его лирический герой воспринимает ее как неизменную данность и не ищет поддержки в иных, воображаемых мирах. Удивительно, насколько Пастернак избегает упоминания своего лирического «я». По словам В. Эрлиха, его лирический герой не является центром нарратива, главной точкой отсчета [Erlich 1964: 136].

«Я» делит сцену с массой других элементов, «природных явлений, неодушевленных предметов, [...] собственных объективированных чувств и настроений» [Erlich 1964: 136]. Классический пример — стихотворение 1921 года «Нас мало. Нас, может быть, трое» из цикла «Темы и вариации» [Пастернак 2004, 1: 189]. Некоторое время оно носило альтернативное название «Поэты» и никогда формально не было посвящено Цветаевой, двое других упомянутых поэтов — это Асеев и Маяковский [Пастернак 2004, 1: 491]. И, однако, прямая цитата из стихотворения («донецкой, горючей и адской»), которой подписана копия «Тем и вариаций», посланная Пастернаком Цветаевой позже, в 1923 году, несомненно, показывает, что она входит в этот круг избранных поэтов:

---

[44] См. также Guy de Mallac, «Эстетические воззрения Пастернака» в [Aucouturier 1979: 63–81].

[45] См. введение к [Азадовский 2000: 14].

Нас мало. Нас, может быть, трое
Донецких, горючих и адских
Под серой бегущей корою
Дождей, облаков и солдатских
Советов, стихов и дискуссий
О транспорте и об искусстве.

Мы были людьми. Мы эпохи.
Нас сбило и мчит в караване.
[...]
Слетимся, ворвемся и тронем,
Закружимся вихрем вороньим,
И — мимо! [...]
[Пастернак 2004, 1: 189–190].

Здесь опять уместно будет вспомнить о толковании современной поэзии Дж. Фрэнком как требующей от читателя «вместо инстинктивного, непосредственного соотнесения слов [...] с предметами [...], обозначениями которых они являются», задержать это упорядочивание, «пока система внутренних референций не будет осознана как единое целое» [Фрэнк 2007: 199]. Стихотворение объединяет множество разрозненных элементов в органичное целое [Hasty 1986: 120][46]. Уже в первой строфе огненный союз трех поэтов затягивает унылой пеленой дождя. Сухой газетный язык последних двух строк сменяет стремительный набор метафор первых. Строфа очень наглядна и словно бы смонтирована по принципу кино. Развитие сюжета ускоряется во второй строфе, где обстоятельства существования трех поэтов кардинально меняются. В жизнь человеческую врывается историческая эпоха, подчиняя все себе, выводя все из равновесия, сводя на нет свободу воли. Лихорадочная сумятица их действий не столько случайна, сколько бесполезна перед лицом неумолимой истории, и они неизбежно совершают ошибки. Следующее далее «Вы поздно поймете» — единственное обращение к воображаемому адресату во всем стихотворении. За ним следует природная ме-

---

[46] О. Хейсти считает, что «для Пастернака главная творческая сила, особенно в поэзии, лежит в огромных возможностях образования связей».

тафора, сравнивающая жизнь трех поэтов с ветром, завывающим в кронах деревьев, проносясь над деревенскими крышами:

[...]
Ветер вечен затем в разговорах.
Идущего бурно собранья.
Деревьев над кровельной дранью.

Поэты в стихотворении Пастернака — по сути, сторонние наблюдатели, следующие вместе с караваном истории, тема эта во многом предвосхищает тематику стихотворений «Доктора Живаго». Взгляд постороннего в этом стихотворении заметно отличается от взгляда лирической героини Цветаевой. Для нее положение поэта — особое, привилегированное, что заставляет исследователей считать ее дискурс романтическим[47]. По оценке Г. Фрейдина, Цветаева представляет «харизматическую традицию» в русской поэзии, где биография поэта становится материалом для творчества [Фрейдин 1991: 22]. В то же время она видится как «бунтующий близнец» Пастернака, «единственный мастер современной русской поэзии, держащийся в стороне от хитросплетений любых доктрин или организаций»[48]. Здесь явное противоречие — если к поэтическому стилю Пастернака и применяют понятие романтизма, это «романтизм измененный или опосредованный "современным" мировосприятием: [...] здесь ставится акцент целиком и полностью на языке, а не на вдохновении»[49]. Первоочередное значение языка для Пастернака неоспоримо, в том числе и в «Нас мало [...]». Переплетение метонимических и референциальных взаимосвязей в стихотворении представляет собой яркий пример языка Пастернака, для которого так важны сюжет и звучание[50]. То, насколько для него существенно поэтическое «я»,

47 Введение [Азадовский 2000: 22]. Также см. [Альфонсов 1990: 117], где приводится развернутое сравнение творчества Пастернака и Цветаевой.

48 См. В. Эрлих в [Fleishman 1989: 37].

49 В. Эрлих в [Fleishman 1989: 44].

50 Д. Сегал. «Заметки о сюжетности в лирической поэзии Пастернака» в [Aucouturier 1979: 155–177].

куда менее очевидно. Наша точка зрения отличается от предложенной В. Эрлихом, утверждающим, что поэзия Пастернака никогда не является «саморефлексивной» или «самореферентной», поскольку самореферентный аспект поэтики Пастернака обычно содержится в отсылках к другим поэтам [Fleishman 1989: 43]. Здесь, скорее, уместно утверждение М. Окутюрье, который метко называет лирического героя Пастернака «метонимическим»; он применяет его к прозе Пастернака, но определение подходит и к лирике [Aucouturier 1970: 224]. Так, в стихотворении «Нас мало. Нас, может быть, трое» «метонимический» герой четко заметен среди объединяющего «мы». Точно так же в своем прозаическом очерке «Охранная грамота», о котором речь пойдет далее, Пастернак пишет автобиографию через биографии других поэтов. В этом отношении главное отличие между поэтическим дискурсом Цветаевой и Пастернака — преобладание «харизматического» поэтического «я» в творчестве Цветаевой, в то время как присутствие лирического героя Пастернака более скрыто, «метонимично», спрятано в биографии других поэтов.

Такое же завуалированное присутствие «я» лирического героя мы находим в акростихе-посвящении Цветаевой в начале поэмы «Лейтенант Шмидт» 1926 года. Хотя посвящение было первоначально опубликовано журналом «Новый мир», после скандала в издательских кругах его изъяли из последующих публикаций. Пастернака обвиняли в политически провокативном характере акростиха, и ему пришлось написать письмо издателю Полонскому, подчеркивающее аполитичный характер посвящения [Fleishman 1981: 56]. Вот сам текст:

Посвященье.

Мельканье рук и ног и вслед ему
«Ату его сквозь тьму времен! Резвей
Реви рога! Ату! А то возьму
И брошу гон и ринусь в сон ветвей».

Но рог крушит сырую красоту
Естественных, как листья леса, лет.

Царит покой, и что ни пень — Сатурн:
Вращающийся возраст, круглый след.

Ему б уплыть стихом во тьму времен.
Такие клады в дуплах и во рту.
А тут носи из лога в лог ату,
Естественный, как листья леса, стон.

Век, отчего травить охоты нет?
Ответь листвою, пнями, сном ветвей
И ветром и травою мне и ей
[Пастернак 2004, 1: 415].

Регулярный ямбический пентаметр стихотворения скрывает напряжение, которым наполнено его содержание. Оно уже проявлено в оживленном начале, где мелькают охотники и раздается звук рога на фоне спокойствия природы. Вторая строфа рисует лес как царство вечного мира, где кольца на пне вызывают в памяти кольца Сатурна, напоминающие о «временах полного мира и счастья» [Hamilton 1940: 22]. Образ леса переходит и в третью строфу, где древесный пень напоминает о страннике-поэте, который пожертвовал своим даром ради требований времени. В последней строфе лирический герой бросает вызов целому веку и требует ответа для себя и для своей единомышленницы, женщины-поэта. Как заметил Е. Фарыно в своей книге о поэтике Пастернака, у поэта была склонность к триадам, основанная на том, что «троим» дано преодолеть противоречия между «двумя», принося таким образом свободу духовному единению и творческому потенциалу. «Нас мало. Нас, может быть, трое» тоже, разумеется, пример поэтической троицы Пастернака [Фарыно 1989: 91]. Последняя строфа акростиха может звучать как отчаянный крик, обращенный против апатии и пассивности. Поэт просит век ответить на свою мольбу: «И ветром и травою мне и ей», — впервые указывая на существование адресата посвящения и выражая готовность разделить с ней эпоху.

В письме Цветаевой от 19 мая 1926 года Пастернак так объясняет смысл своего посвящения: «Тут понятье (беглый дух): героя, обреченности истории, прохожденья через природу, — моей посвященности тебе» [Азадовский 2000: 108]. Здесь поражает противоречие между «беглым духом» и «обреченностью», между движением и фаталистической неподвижностью. Если в «Нас мало. Нас, может быть, трое» мы видим пламенного поэта в водовороте эпохи, здесь, напротив, эпоха предстает неподвижной, а лирический герой нерешительным («Ему б уплыть стихом во тьму времен»). Определяющий вопрос: «Век, отчего травить охоты нет?» — задается и лирическому герою, и веку, а глагол «травить» предстает здесь во всем множестве значений. Если применять его к действиям героя, можно считать его выражением мучительного нежелания действовать и участвовать. И притом что альтер эго Пастернака в стихотворении «Про эти стихи» из раннего цикла «Сестра моя жизнь» вопрошает: «Какое, милые, у нас тысячелетье на дворе?» [Пастернак 2004, 1: 115], — в середине 1920-х годов поэт ощущает острую необходимость участия в историческом процессе. В письме Цветаевой он намеревается оставить лирику ради стихов на исторические темы, которые считает более соответствующими быстро меняющейся постреволюционной России. Завершение поэмы «Лейтенант Шмидт» стало результатом этих намерений. Но, парадоксальным образом противореча накалу и энтузиазму акростиха, посвящение Цветаевой выражает некоторую степень пассивности и апатии. Двойственную природу поэтики Пастернака отмечает ряд исследователей, например А. Жолковский:

> В поэтике Пастернака сосуществовали, боролись и синтезировали два противоположных начала: романтико-героическое, мужское, «маяковское», охотничье, языческое, активное, верховное, верхнее и жертвенное, пассивное, женственно-андрогинное, христианское, простертое, нижнее[51].

Как уже было замечено, многие из этих свойств можно отнести и к поэтике Цветаевой. К характеристике Жолковского можно добавить и описание постоянного противоречия между важно-

---

[51] А. Жолковский в [Loseff 1991: 64].

стью и незначительностью роли поэта. Уже стихотворение «Нас мало» сочетает признаки маргинальности («нас мало») и определяющего положения поэта («Мы эпохи»). В акростихе — посвящении Цветаевой мы видим двойственность состояния поэта, который способен на равных бросить вызов эпохе и при этом обречен находиться не на своем месте:

> Ему б уплыть стихом во тьму времен,
> Такие клады в дуплах и во рту.
> А тут носи из лога в лог ату,
> Естественный, как листья леса стон.

Как пишет в статье о Мандельштаме Г. Фрейдин, для русской интеллигенции конца XIX — начала XX века «маргинальность автора стихов, иными словами, локализация его за чертой силового центра общества, оказывается неотделимой от центрального положения поэта» [Freidin 1987: 23]. В жизни и творчестве Мандельштама это противоречие было особенно очевидным: поэт представал изгоем и одновременно гением не только в своих стихах, но и в личной биографии [Freidin 1987: 24]. Для Цветаевой, так же как и для Мандельштама, противоречие, кроющееся в статусе поэта, было определяющим: ее жалобы о незначительности повседневного существования («Рабы — рабы — рабы — рабы!») и ее страстные, мученические декларации («Я и в предсмертной икоте останусь поэтом!»[52]) явственно подтверждают эту дихотомию. Возможно, самое убедительное заявление Цветаевой об этом — ее сравнение положения Пастернака с собственным. Она определяет его роль как роль участника революции, сама же остается свободным духом, не привязанным ни к кому: «Борис Пастернак — там, я — здесь, через все пространства и запреты, внешние и внутренние (Борис Пастернак — с революцией, я — ни с кем), Пастернак и я, не сговариваясь, думаем над одним и говорим одно. Это и есть: современность» [Цветаева 1994, 5: 345].

---

[52] Стихотворение 1920 года «Знаю, умру на заре!» [Цветаева 1994, 1: 573].

Хотя поэтическая речь Пастернака редко столь же страстна, как у Цветаевой, он также размышляет об особом положении современного поэта. Обращаясь к творчеству поэта-футуриста Алексея Крученых, Пастернак подчеркивает маргинальность роли поэта, помещая Крученых «на краю» литературного процесса: «Роль твоя в нем любопытна и поучительна. Ты на его краю» [Пастернак 2004, 5: 31][53]. То, как Пастернак использует выражение «крайность эпохи» по отношению к роли искусства в 1920-х годах, где «крайность» — выражение как маргинальности, так и авангардизма, нагляднейшим образом выражено в очерке 1925 года:

> Главное же — я убежден, что искусство должно быть крайностью эпохи, а не ее равнодействующей, что связывать его с эпохой должны собственный возраст искусства и его крепость, и только в таком случае оно впоследствии в состоянии напоминать эпоху, давая возможность историку предполагать, что оно ее отражало [Пастернак 2004, 5: 213][54].

Здесь в размышлениях Пастернака об искусстве появляются модернистские тенденции, однако в его понимании поэт остается вестником эпохи, как и в эпоху Пушкина, и в полном соответствии с «двойственным образом» поэта, принятым у русской интеллигенции периода символизма и постсимволизма. В последующем посвящении, теперь уже 1929 года, под заголовком «Марине Цветаевой», спустя несколько лет после окончания переписки трех поэтов, мы видим образ поэта — всесильного демиурга, неотделимый от образа поэта как фигуры маргинальной. В первой строфе лирический герой остается смутным и неясным, что подчеркивает его очевидную малозначительность.

---

[53] Современная поэт и прозаик М. Степанова о маргинальности поэта в интервью интернет-изданию «Литература» от 10 марта 2015 года. URL: https://literratura.org/non-fiction/957-mariya-stepanova-delo-stihov-uvodit-sebya-v-zonu-nepolnoy-vidimosti.html (дата обращения: 09.08.2022).

[54] «Что говорят писатели о постановлении ЦК РКП(б)».

Ты вправе, вывернув карман,
Сказать: ищите, ройтесь, шарьте.
Мне все равно, чем сыр туман.
Любая быль — как утро в марте.

Две следующие строфы рисуют пейзаж сродни религиозным пейзажам стихов Юрия Живаго:

Деревья в мягких армяках
Стоят в грунту из гумигута,
Хотя ветвям наверняка
Невмоготу среди закута.

Роса бросает ветки в дрожь,
Струясь, как шерсть на мериносе.
Роса бежит, тряся, как ёж,
Сухой копной у переносья
[Пастернак 2004, 1: 214].

Фонетические и семантические элементы этих двух строф раскрывают немалое напряжение, так характерное для структуры стихов Пастернака[55]. Звучный ассонанс «а» в первой строке переходит в грубо звучащую аллитерацию, построенную на звуке «г» во второй. Такой же фонетический рисунок повторяется в третьей и четвертой строках. На уровне семантики парадоксальный образ деревьев, которым невмоготу стоять в тесноте, являет неудовлетворенное желание свободы, этот же мотив подкрепляет в пятой строфе образ плененного поэта. В третьей строфе изображение природы имеет оттенок почти аллегорический: роса брызжет, словно еж трясет копной игл (семантический парадокс усиливается образом сухой копны у переносья ежа). Безразличие женщины-поэта («мне все равно») на фоне персонифицированного пейзажа с его оксюморонной образностью постепенно приобретает героический оттенок отказа от временного во имя вечного: «Мне всё равно, какой фасон / Суждён при

---

[55] Д. Сегал в [Aucouturier 1979: 162].

мне покрою платьев». К заключению собирательный образ поэта предстает пророческой фигурой, определяющей эпоху:

> Клубясь во много рукавов,
> Он двинется подобно дыму
> Из дыр эпохи роковой
> В иной тупик непроходимый.
>
> Он вырвется, курясь, из прорв
> Судеб, расплющенных в лепеху,
> И внуки скажут, как про торф:
> Горит такого-то эпоха
> [Пастернак 2004, 1: 214].

Первоначально незначительная, отстраненная фигура поэта становится центральной для времени, воплощая созданный русской интеллигенцией миф Поэта. Но в то же время поэт остается под угрозой уничтожения в катаклизмах эпохи.

В другой апострофе, еще одном посвященном Цветаевой в 1929 году акростихе — «Мгновенный снег, когда булыжник узрен...», — вновь встает тема поэта в подобном «двойственном» виде. Смешиваются временное и вечное, поэт изображен обычным смертным и в то же время внезапным откровением вечности:

> Ежеминутно можно глупость ляпнуть,
> Тогда прощай охулка и хвала!
> А ты, а ты, бессмертная внезапность,
> Ещё какого выхода ждала?
> [...]
> Ведь вот и в этом диком снеге летом
> Опять поэта оторопь и стать —
> И не всего ли подлиннее в этом?
> .... — как знать?
> [Пастернак 2004, 1: 551]

Тема двойственности бытия художника в это время часто присутствует в очерках и выступлениях Пастернака. Сомнения и заботы, одолевавшие его в связи с его положением в Советской России, позже звучат и у Цветаевой, впавшей в немилость у эмигрантской аудитории. Можно сравнить, к примеру, утверждение Пастернака о его статусе лирического поэта в 1925 году и признание Цветаевой о том, что ее не читают, в 1932 году. Пастернак задается вопросом о бытии поэта: «[...] допустим я или недопустим? [...] Право авторства на нынешний стиль недавно принадлежало цензору. Теперь он его разделил с современным издателем. [...] Мне нечего делать. Стиль эпохи уже создан. Вот мой отклик» [Пастернак 2004, 4: 619].

Несколько лет спустя ему вторит Цветаева: «В здешнем порядке вещей я непорядок вещей. Там бы меня не печатали — и читали, здесь меня печатают — и не читают. (Впрочем, уж и печатать перестали.)» [Цветаева 1994, 5: 345].

Сходство и различие экзистенциальных позиций двух поэтов, отраженное в этих утверждениях, сродни тому, что заметно в их произведениях. Так же, как и в поэзии 1920-х годов, настоящая Цветаева здесь выходит за рамки пространственно-временных ограничений. «В России меня лучше поймут», — пишет она в очерке «Поэт и время» (1932), имея в виду отсутствие адекватного восприятия ее произведений читательской эмиграцией [Цветаева 1994, 5: 345]. «Но на том свете меня еще лучше поймут, чем в России», — продолжает она, вызывая миф харизматического поэта, который, словно легендарная трагическая героиня, может быть понят только после смерти.

В то же время «метонимический» поэт Пастернака видит свою ненужность в душном мире советской цензуры. И все же, предвидя закат поэзии и поэта, он верит в ответственность художника перед историей: «Под эстетикой же художника я понимаю его представление о природе искусства, о роли искусства в истории и о его собственной ответственности перед нею» [Пастернак 2004, 5: 216].

Цветаева доводит утверждение Пастернака до максимальной интенсивности: «Искусство было бы свято, если бы мы жили тогда или те боги — теперь. Небо поэта как раз в уровне подножию Зевеса: вершине Олимпа» [Цветаева 1994, 5: 363]. На эту создаваемую ею вершину Цветаева восходит в своей поэтической апострофе к только что ушедшему из жизни Рильке, которая будет рассмотрена в следующей главе.

Глава 3
Цветаева и Рильке. Потерянный и обретенный рай

> Нет ни жизни, нет ни смерти, — третье,
> Новое. И за него (соломой
> Застелив седьмой — двадцать шестому
> Отходящему — какое счастье
> Тобой кончиться, тобой начаться!)
> Через стол, необозримым оком,
> Буду чокаться с тобою тихим чоком
> Стекла о стекло? Нет — не кабацким ихним:
> *Я о ты*, слиясь дающих рифму:
> Третье. («Новогоднее»)
> [Цветаева 1994, 3: 134].

Так пишет Цветаева в своем грандиозном посвящении-тосте Рильке, ушедшему в мир иной, невесомый мир новых начал и концов:

> Первое письмо тебе с вчерашней,
> На которой без тебя изноюсь,
> Родины, теперь уже — с одной из
> Звезд... Закон отхода и отбоя,
> По которому любимая [...]
> [Цветаева 1994, 3: 132].

Новость о кончине Рильке побудила Цветаеву написать в течение двух месяцев одно из своих величайших произведений — поэму «Новогоднее» и прозаическую вещь «Твоя смерть». Как мы уже видели, поэтическим ответом Цветаевой Пастернаку стало изобретение особого языка отсутствия, дабы преодолеть их физическую разъединенность. Этот язык утверждения через отрицание достигает апогея в ее поэтическом послании Рильке. Кроме того, поэтический «диалог» Рильке и Цветаевой крайне «многоязычен», являясь не только разговором поэтов, но и признаком состояния русской и европейских литератур того времени.

В «Новогоднем» и «Твоей смерти» Цветаева предстает «харизматическим поэтом», центральной фигурой русской поэтической мифологии своего времени, а ее адресат Рильке оказывается «парадигматическим поэтом» европейской традиции. В ответе Рильке на письма Цветаевой — «Элегии Марине Цветаевой-Эфрон»[1], которую он пишет незадолго до смерти, также много «мифологии», являющейся как производной культуры европейского модернизма, так и проявлением особого отношения Рильке к Цветаевой. Хотя у персональных «мифологий» двух поэтов разные культурные и лингвистические корни, их разговор можно рассматривать в контексте двух взаимно переплетающихся тематических линий: экзистенциального положения поэта и темы смерти[2], которые также сродни темам диалога Цветаевой и Пастернака 1920-х годов. Все три произведения — «Новогоднее», «Твоя смерть» и «Элегия Марине Цветаевой-Эфрон» — отражают характерный для европейской культуры начала XX века пристальный интерес к теме смерти [Davies 1990: 193–210]. Я постараюсь проследить влияние этой мифологии на поэтический диалог Цветаевой и Рильке. Для этого рассмотрим взаимные посвящения двух поэтов в обратном хронологическом порядке. Как замечает Е. Коркина во введении к российскому изданию Цветаевой 1990 года, тема смерти омрачает и переписку трех поэтов, и их поэзию, посвященную друг другу[3]. Другой исследо-

---

[1] Немецкий оригинал см. в [Asadowski 1992: 71–72].

[2] По этой теме см. Ю. Фрейдин «Тема смерти в поэтическом творчестве Марины Цветаевой» [Schweitzer 1994].

[3] Предисловие Е. Коркиной в [Цветаева 1990: 26].

ватель творчества Цветаевой Ю. Фрейдин идет дальше и утверждает, что тема смерти охватывает все творчество Цветаевой от первых произведений уже в 1899 году и до трагического самоубийства в 1941 году [Schweitzer 1994]. В своем формальном анализе тропов цветаевской поэтики Фрейдин различает мотивы «своей смерти», «самоубийства» и «чужой смерти», называя их тремя вариациями на одну тему. В его прочтении ранние стихи Цветаевой о смерти «другого», предшествующие «Новогоднему», оставались в границах традиционного русского плача по покойнику, где рассказ о его жизни является формой прощания. «Новогоднее» меняет этот поэтический стиль, в нем Цветаева говорит не об этом мире, но об иной космогонии, куда уходит умерший [Schweitzer 1994]. В своей статье Фрейдин формулирует идеи только относительно поэтики Цветаевой, но важно, что «Новогоднее» созвучно культурному лейтмотиву эпохи, когда отрицание этого мира было одним из главных мифов русской и европейской литературы[4].

В России эпохи Серебряного века мифология смерти в образе всепожирающего Армагеддона или апокалипсиса расцвела благодаря символистам [Freidin 1987: 156][5]. Это веяние возникает с новой силой вслед за ужасами Первой мировой войны, Русской революции и Гражданской войны. В поэтической и интеллектуальной среде той эпохи была популярна философская концепция «вечного возвращения», которую исповедовали Вико, Шопенгауэр, Ницше и Бергсон. Эта идея, в свою очередь, вызвала к жизни миф о коллективном или индивидуальном бессмертии, в особенности бессмертии творческого разума. Яркое выражение этого чувства мы находим в стихотворении О. Мандельштама 1924 года: «Нет, никогда, ничей я не был современник». В нем за смертью века следует обещание нового начала, что также интерпретировалось как метафора поэтического гения XX века, сменяющего пушкинский:

---

[4] Анализ интеллектуальных и поэтических течений первой четверти XX века в России см. у [Freidin 1987].

[5] Классический пример — [Розанов 1917].

И в жаркой комнате, в кибитке и в палатке
Век умирает — а потом
Два сонных яблока на роговой облатке
Сияют перистым огнем
[Мандельштам 1990, 1: 154][6].

Цветаевская концепция смерти, отраженная в «Новогоднем», напоминает это сияющее обещание. Смерть дарует освобождение от оков этого мира, становясь апофеозом жизни. Обещанное Мандельштамом новое начало обретает ясную форму — создается новый мир, в котором лирическая героиня Цветаевой приветствует Рильке. Образ вселенной и небесных тел из «Новогоднего» перекликается с образами «умирающего века» и «вечного возвращения», свойственными эпохе. Новая вселенная Рильке выглядит вневременной: «Бесконечной, ибо безначальной, / Высоты над уровнем хрустальным» [Цветаева 1994, 3: 134].

Все звезды этой вселенной трансформируются в единственную, всеобъемлющую рифму, возвещающую бессмертие поэта:

Единственная, и все гнезда
Покрывающая рифма: звезды
[Цветаева 1994, 3: 133].

В книге о Мандельштаме Г. Фрейдин прослеживает эту «звездную мифологию» в поэзии целой плеяды знаменитых современников и соотечественников Цветаевой, помимо Мандельштама включающей Маяковского и Пастернака [Freidin 1987: 166]. Он также замечает, что в «астральной» поэтике Мандельштама поэт становится священником, «который служит мессу и совершает причастие и соборование, за чем наблюдает всевидящее око с небес» [Freidin 1987: 168]. Похожую поэтическую самоидентификацию поэта мы наблюдаем в «Новогоднем», еще более явственно проявлена она в «Твоей смерти», очерке, приближаю-

---

[6] Цит. в [Freidin 1987: 163]. Также образ «умирающего века» дан в первом предложении знаменитой прозы Мандельштама 1925 года «Шум времени» в [Мандельштам 1990, 2: 6].

щемся к поэзии по богатству языка. В нем есть момент, где церковная служба передается голосом рассказчицы, и это задает «сакральный контекст» всему произведению [Цветаева 1994, 5: 201]. Подобно Мандельштаму, Цветаева в «Твоей смерти» принимает на себя роль жрицы, искупающей Рильке, и через него — искусство поэзии.

Продолжая разговор о самопожертвовании поэта, «Твоя смерть» описывает Рильке как источник живой крови для человечества: «умер от разложения крови. — Перелив свою» [Цветаева 1994, 5: 204–205]. Но опять нужно заметить, что образ крови — один из центральных тропов «умирающего века», широко использовавшийся в прозе и поэзии[7]. Для Мандельштама это яростный новый век, строящийся на хлещущей крови:

> Век мой, зверь мой, кто сумеет
> Заглянуть в твои зрачки
> И своею кровью склеить
> Двух столетий позвонки?
>
> Кровь-строительница хлещет
> Горлом из земных вещей,
> Захребетник лишь трепещет
> На пороге новых дней
> [Freidin 1987: 165][8].

У Цветаевой поэт — тот, кто отдает свою кровь человечеству [Цветаева 1994, 5: 204–205][9].

Окончательно связывает с поэтикой «умирающего века» два посвященных Рильке произведения миф об инцесте, к которому часто также обращались поэты-современники Цветаевой [Freidin

---

[7] Г. Фрейдин в книге о Мандельштаме замечает, что образная отсылка к крови в русской литературе восходит к гоголевскому «Вию» [Freidin 1987: 165].

[8] См. также О. Мандельштам «Век» в [Мандельштам 1990].

[9] К. Азадовский в комментарии к «Твоей смерти» говорит о концепции «крови» как источнике творчества для Рильке и упоминает очерк Цветаевой «Поэт-альпинист», где она называет Рильке «поэтом пола и крови» [Цветаева 1994, 5: 445].

1987: 207–208]. Подобный миф не только воплощает страх перед судьбой и расплатой, так часто встречающийся у Белого, Блока, Мандельштама и других поэтов и интеллектуалов, но также выражает растущий интерес к эротизму в русской литературе первого десятилетия XX века. Так, Мандельштам представлял себя одновременно Ипполитом, Эдипом и Антигоной, и каждый из персонажей выражал разную степень вины и искупления [Freidin 1987: 206–207]. В цветаевской пьесе «Федра» [Цветаева 1994, 3: 633–686] и поэтическом цикле «Подруга» [Цветаева 1994, 1: 216–228] также встречаются темы эротики и инцеста. Мы видим повторение этого сюжета в произведениях, посвященных Цветаевой Рильке: «Новогоднее» и «Твою смерть» можно рассматривать как две части одного сюжета — ее поэтического и любовного плача по умершему. В обоих произведениях возникают темы Эроса и материнской любви. Как будет показано в этой главе, лирическая героиня «Новогоднего» предстает как возлюбленная и поклонница дара другого поэта, а в «Твоей смерти» она становится материнской фигурой для Рильке и героев второго плана. Неотделимое от мифа об инцесте чувство вины трансформируется в «Твоей смерти» в коллективную вину России перед Рильке: «Ведь Россия на смерть Рильке ничем не ответила — это был мой долг», — напишет Цветаева в письме Тесковой несколько месяцев спустя[10]. Миф об инцесте и образы крови, смерти, воскресения, фигурирующие в «Новогоднем» и «Твоей смерти», связывают произведения Цветаевой с целым пластом русских литературных произведений, посвященных «умирающему веку». В более широком контексте самоопределение Цветаевой как русского харизматического поэта здесь становится еще более очевидным.

В посвященной Рильке поэме Цветаева создает некий образ божества и скорбит о смерти человека, сочетая «любовную лирику и надгробный плач» [Бродский 1997: 155]. Тенденцию вос-

---

[10] Письмо от 26 апреля (3 день Пасхи) 1927 года [Цветаева 2009: 88]. Эти строки часто цитируются в научных работах, см. в первую очередь [Hasty 1983: 41–64].

певать поэта как божество следует опять же рассматривать в общем контексте русской культуры. В поэтике Цветаевой «славословия», адресованные другому поэту, уже встречались, например цикл стихотворений, посвященных Блоку [Зубова 1985]. В то же время траурный аспект связывает поэму «Новогоднее» с посвящениями Цветаевой другим погибшим поэтам, например Маяковскому[11]. Так, «Новогоднее» является не только уникальным ответом на смерть Рильке, но и парадигматическим ответом на смерть любого настоящего поэта, что для Цветаевой всегда — исключительное событие.

Чтобы понять «Новогоднее» как пример поэтики «умирающего века», где сходятся мотивы сакральные, светские и эротические, рассмотрим последовательно несколько типов дискурса, состоящих из взаимодополняющих и в то же время контрастных мотивов: агиографических и мифических, погребальных и эротических и, наконец, поэтических и театральных.

Для создания внеземного, обожествленного образа Рильке Цветаева задействует приемы агиографические, идущие как из древних мифов, так и из русской житийной литературы. В книге «Традиции стиля "плетение словес" у Марины Цветаевой» Л. В. Зубова определяет приемы русской средневековой агиографии как «словесный орнамент, состоящий из однокоренных и созвучных слов, омонимов, синонимов, антонимов, однокоренных сравнений и эпитетов, перифраз и метафор» [Зубова 1985: 52]. Она анализирует стихотворение Цветаевой «Имя твое — птица в руке» из цикла «Стихи к Блоку» и утверждает, что в этом стихотворении «Блок уподоблен богу, солнцу и ангелу» [Зубова 1985: 47]. По мнению Зубовой, образ Блока здесь напоминает икону — его изображение не реалистично. В той же статье Зубова касается цикла, посвященного Ахматовой, настаивая, что эти стихи также принадлежат к традиции «плетения словес»: противоположные понятия любви и соперничества сплетаются в общую тему смиренного преклонения перед поэтом [Зубова 1985: 40].

---

[11] Цикл стихотворений Цветаевой, написанных на смерть Маяковского [Цветаева 1994, 2: 273–280].

Цветаевское «Новогоднее» демонстрирует тот же агиографический дух, превознося необыкновенного поэта языком, состоящим из той же смеси любви и соперничества, который виден в стихах, посвященных Ахматовой. И в то же время, в полном соответствии с традицией «иконического» изображения, в нем нет описания ни одного из физических качеств Рильке.

Один из приемов агиографии — «плетение словес» — становится очевидным с самого начала стихотворения:

С новым годом — светом — краем — кровом!
Первое письмо тебе на новом
— Недоразумение, что — злачном —
(Злачном — жвачном) месте зычном, месте звучном
[Цветаева 1994, 3: 132].

Здесь выражение «с новым годом» многообразно перефразируется. Преобладание окончания '-ом' (светом, кровом, новом, злачном, звучном) создает акустическое единство, характерное для молитвы. Последние две строки являются прямой аллюзией на православную заупокойную молитву[12]. Но нужно добавить, что первоначальный импульс здесь не религиозный. Цветаева использует эти приемы не только для обожествления Рильке, как в стихах, посвященных Блоку, но и чтобы сделать немецкого поэта более русским, приблизить его к своему миру. Именно поэтому он становится «богатырем», едущим на тот свет на знаменитых орловских рысаках, не уступающих в скорости орлам. «На орлах летал заправских русских» [Цветаева 1994, 3: 132]. Россия здесь — заповедник духа, что перекликается с ранними взглядами Рильке на нее как на страну с особой исторической миссией: «На Руси бывал, *тот* свет на *этом* зрел» [Цветаева 1994, 3: 132]. Но, как это часто встречается у Цветаевой, любовь к контрастам не приводит к преувеличению «русскости» или России. Лирическая героиня говорит со своим адресатом на языке всеобщем, языке ангелов: «Пусть русского родней немецкий / Мне, — всех ангельский

---

[12] См. [Hasty 1980]. Также о религиозном символизме у Цветаевой см. в [Фарыно 1985].

родней!» [Цветаева 1994, 3: 132]. Как замечает И. Бродский, этот универсальный язык требует духовной и почти физической высоты, до которой поднимает себя поэт [Бродский 1997: 235].

«Если ты, такое око, смерклось» [Цветаева 1994, 3: 134]. Определение «такое око» словно бы метонимически связывает Рильке с небесным «всевидцем», «всепровидцем». За этой аллюзией следует еще более очевидная: «Через стол гляжу на крест твой» [Цветаева 1994, 3: 134], предполагающая, что Рильке принес человечеству величайшую жертву; отсылка к его роли спасителя еще более явственна в «Твоей смерти». Строка «Верно лучше видишь, ибо свыше» [Цветаева 1994, 3: 135] завершает агиографический образ того, кому посвящена поэма. Приравнивая Рильке к божеству, Цветаева придает ему те харизматические качества, которые, как было отмечено в первой главе, русская литература приписывает величайшим поэтам — Пушкину, Блоку, Мандельштаму, Маяковскому.

На уровне языка принцип «плетения словес» особенно очевиден в частых повторениях и парафразах различных тем. Таково, например, обращение из первой строки, задающее тон всему стихотворению: «С Новым годом — светом — краем — кровом!» Другой пример — удвоение-повтор «тебя с тобой, тебя с тобою ж» [Цветаева 1994, 3: 133], искусно сплетающее божественный и человеческий аспекты поэта. Но особенно ярко этот прием проявляет себя в том, как Цветаева обращается с именем адресата стихотворения[13]: имя «Райнер» становится источником и причиной появления русского слова «рай»:

> Не ошиблась, Райнер — рай — гористый,
> Грозовой? Не — притязаний вдовьих —
> Не один ведь рай, над ним — другой ведь
> Рай? [Цветаева 1994, 3: 135]

И вот ассоциация имени поэта с раем приводит к отождествлению его с Богом:

---

[13] О значении имен в поэзии Цветаевой см. в [Hasty 1986a: 247–255].

Не ошиблась, Райнер, Бог — растущий
Баобаб? Не золотой Людовик —
Не один ведь Бог? Над ним — другой ведь
Бог? [Цветаева 1994, 3: 132]

Бог Цветаевой, как поясняет С. Карлинский, не принадлежит
какой-то определенной конфессии [Karlinsky 1966: 220][14]. Скорее,
изображенная вселенная — результат поэтической космогонии,
особый цветаевский «запредельный мир», которым правит гармония. Так, «плетение словес» служит цели не религиозной,
а художественной — упрочению связи с Рильке. В то же время,
подобно Достоевскому, утверждавшему, что «русскость» Пушкина заключается в его уникальной «всемирной отзывчивости»
[Достоевский 1984: 136–137], Цветаева воспевает универсальный
гений Рильке. Утвердив связь Рильке с русской духовностью, она
расширяет агиографическую образность до мифов классической
древности. В то время как агиографический дискурс изображает
Рильке божественным созданием, мифологический дискурс создает его образ в стиле божественного духа. Агиография подчеркивает его родство с русской культурой, мифология — его уни-
версальность. Она выражена через обширность пространства,
сложного пространства иного мира, полного звезд: «Первое видение Вселенной», «Бесконечной ибо безначальной / Высоты над
уровнем хрустальным / Средиземной» [Цветаева 1994, 3: 134]. Как
только цветаевский Рильке оказывается в пространстве этой
вселенной, он обретает мифические, вневременные качества. Он
отождествляется попеременно с Кастором и Поллуксом, сыновь-
ями Леды, покровителями мореплавателей, уникальных в своем
едином на двоих бессмертии[15]. И вновь, теперь в обличии мифо-
логическом, Рильке предстает защитником и спасителем. Он
становится воплощением самой поэзии, которую творит: «[...] есть
ты — есть стих: сам и есть ты — / Стих!» [Цветаева 1994, 3: 134].
Теперь картина завершена. Умерший Рильке становится вопло-

---

[14] То же мнение выражает М. Л. Гаспаров [Гаспаров 1982: 138].
[15] См. [Hamilton 1940: 45].

щением всех наивысших духовных качеств. Как уже отмечалось во вступлении, концепция поэта как высшего существа исторически играла колоссальную роль в русской культуре. В моем понимании образ Рильке у Цветаевой является отражением этой культурной парадигмы. Он вызывает в памяти, как самую очевидную аналогию, пушкинское «На смерть поэта», где поэт представлен «невольником чести»: «Погиб поэт! — невольник чести — / Пал, оклеветанный молвой» [Лермонтов 1964: 412–414].

Пушкин здесь поднят на недосягаемую высоту, возвышаясь одинокой обожествляемой фигурой над пороками общества:

> Не вынесла душа поэта
> Позора мелочных обид,
> Восстал он против мнений света
> Один как прежде [...] и убит
> [Лермонтов 1964: 412–414].

И в «Новогоднем», и в «Твоей смерти» мы видим сотворение божества; «душа поэта» возносится прямиком в сферы высокого духа. Такова же участь Блока в «Стихах к Блоку», где он предстает как «праведник — певец — и мертвый». В той же инкарнации величайшего поэта, «певца» Орфея и праведника мы видим Рильке в «Новогоднем».

Как пишет И. Бродский в очерке «Об одном стихотворении»: «в любом стихотворении "На смерть" есть элемент автопортрета» [Бродский 2001, 5: 1]. Это, безусловно, верно в отношении «Новогоднего», где лирическая героиня Цветаевой утверждает, наконец, свое присутствие рядом с божественным адресатом:

> В небе лестница, по ней с Дарами...
> С новым рукоположеньем, Райнер!
>
> — Чтоб не залили, держу ладонью —
> Поверх Роны и поверх Rarogn'a
> Поверх явной и сплошной разлуки
> Райнеру — Мария — Рильке — в руки
> [Цветаева 1994, 2: 136].

Сакрализуя и мифологизируя образ Рильке, Цветаева сакрализует и мифологизирует и себя. Самый дорогой для нее язык — «ангельский», она — та, что делит с Рильке «тот свет», как и его всеобщий язык. Как древней жрице ей оказана честь принести дары умершему.

Так же, как и в стихах, посвященных Пастернаку, в «Новогоднем» Цветаева утверждает свое поэтическое превосходство, но еще на более высокой эмоциональной ноте. Она завершает свою миссию в духе «гибели века», становясь жрицей, обладательницей магических средств, сродни Мандельштаму в его «Нет, никогда, ничей я не был современник», чтобы возродить искусство поэзии.

Но наряду с мифически-агиографическим вознесением Рильке на пьедестал, в послании Цветаевой есть и эротический подтекст, что заставило И. Бродского описывать «Новогоднее» как сочетание любовной лирики и надгробного плача, а исследователя творчества Пастернака К. Барнса заклеймить его как образец некрофилии [Barnes 1989: 381]. Действительно, как и в мифе об Орфее, в «Новогоднем» очевидна связь между Эросом, смертью и поэзией. Лирическая героиня представляет Рильке возлюбленным, с которым жаждет соединиться в ином мире. Тема смерти пронизывает стихотворение, но тема эта для Цветаевой была важна всегда. Она обращалась к ней и будучи 17-летней, и спустя 30 лет, накануне самоубийства. В написанной в 17 лет «Молитве» она признаётся в страстном желании умереть:

> Христос и Бог! Я жажду чуда
> Теперь, сейчас, в начале дня!
> О, дай мне умереть, покуда
> Вся жизнь как книга для меня.
> [...]
> Люблю и крест, и шелк, и каски,
> Моя душа мгновений след...
> Ты дал мне детство — лучше сказки
> И дай мне смерть — в семнадцать лет
> [Цветаева 1994, 1: 32–33].

В 1936 году, за пять лет до самоубийства, она пишет:

> В мыслях об ином, инаком
> И ненайденном, как клад
> Шаг за шагом, мак за маком
> Обезглавила весь сад.
>
> Так, когда-нибудь, в сухое
> Лето, поля на краю,
> Смерть рассеянной рукою
> Снимет голову — мою
> [Цветаева 1994, 2: 341].

В стихах о смерти часто присутствуют метафоры сна и вечного отдыха, как, например, в посвященных Пастернаку, которые были рассмотрены в предыдущей главе. Интересно, что стихи о смерти у Цветаевой являются одновременно и любовной лирикой. Здесь можно выделить четыре основных мотива: самопожертвование, вызванная смертью разлука, жажда встречи в мире ином и лишенное эротики соединение в том мире. Самопожертвование может быть яростным, исполненным живой образностью, например, как в более ранней поэме «Царь-Девица» (1920): «Всю до капли кровь / За его любовь! / Всю из жилок прочь / За одну за ночь» [Цветаева 1994, 3: 195].

Часто результатом такого кровопускания становится вечная разлука, как в стихотворении «Эвридика — Орфею», где в конце возлюбленные обречены расстаться: «Не надо Орфею сходить к Эвридике / И братьям тревожить сестер» [Цветаева 1994, 2: 183]. Миф об Орфее и Эвридике был ярко выражен в творчестве и Цветаевой, и Рильке[16]. Стихотворение Цветаевой написано в 1923 году, за три года до «Новогоднего». В нем лирическая героиня горячо возражает против спуска Орфея в Аид для спасения возлюбленной:

---

[16] См. работу О. Петерс Хейсти об образе Орфея у Цветаевой [Hasty 1996]. К. Азадовский озаглавил предисловия к немецкому и русскому изданиям переписки Цветаевой и Пастернака «Орфей и Психея» [Азадовский 1992; Asadowski 1992].

Для тех, отженивших последние клочья
Покрова (ни уст, ни ланит!...)
О, не превышение ли полномочий
Орфей, нисходящий в Аид?
[Цветаева 1994, 2: 183].

Чем же вызван этот протест? Очевидно, что укус змеи позволил Эвридике достичь мира вечности. Она стала равной Орфею, непревзойденному поэту, чью песнь неспособна была победить даже смерть. Для Эвридики это новое качество уничтожает всякую возможность любви эротической: «С бессмертья змеиным укусом / Кончается женская страсть» [Цветаева 1994, 2: 183]. Мотив разлуки двух равных поэтов появляется в стихах, посвященных Пастернаку, о чем говорилось в предыдущей главе: «Не суждено, чтобы равный — с равным [...] / Так разминовываемся — мы» [Цветаева 1994, 2: 237].

В «Новогоднем» этот приговор опровергается, и разлука Орфея и Эвридики оборачивается союзом двух равных душ на бестелесном «том свете». Можно проследить развитие этого погребально-эротического мотива: от вызванной смертью разлуки до страстно ожидаемой встречи и утверждающего союза.

В начале «Новогоднего» героиня Цветаевой предстает возлюбленной Рильке, посылающей поздравление с Новым годом в письме, полном любви и преклонения. Тон его полон нежности и заботы: «Теперь — как ехал? / Как рвалось и не разорвалось как — / Сердце?» [Цветаева 1994, 2: 132]. Героиня представляет себя и Рильке мифическими любовниками, бегущими от враждебности мира, чтобы соединиться в запредельном мире, «потому что тот свет, / Наш» [Цветаева 1994, 2: 132]. Интонацию этих строк, усиленную синкопами, цезурами и вопросами, можно назвать тоном «эмпатически сонастроенной» героини, говоря словами психолога Х. Кохута[17]. Героиня и адресат стихотворения предстают единым целым, причем героиня словно бы ощущает себя «во внутренней жизни другого» [Zaslavsky 2009: 147]. То, как

---

[17] См. [Zaslavsky 2009: 148].

Цветаева представляет этот любовный союз, близость любящих
к природе и вселенной, вызывает в памяти любовников из «Дуинских элегий» Рильке[18]:

> Как не нам — куст? Мест — именно наших
> И ничьих других! Весь лист! Вся хвоя!
> Мест твоих со мной (твоих — с тобою).
> [...]
> А недель! А дождевых предместий
> Без людей! А утр! А всего вместе —
> И не начатого соловьями!
> [Цветаева 1994, 3: 135].

Но вознеся возлюбленного на такую высоту, лирическая героиня чувствует свое одиночество:

> Верно плохо вижу, ибо в яме,
> Верно лучше видишь, ибо свыше:
> Ничего у нас с тобой не вышло
> [Цветаева 1994, 3: 135].

Воспоминания о природе сменяются жалобой, в которой героиня оплакивает невозможность физической близости с возлюбленным:

> Ничего — хоть чем-нибудь на нечто,
> Что-нибудь — хоть издали бы — тень хоть,
> Тени! Ничего, что: час тот, день тот,
> Дом тот — даже смертнику в колодках,
> Памятью дарованное: рот тот!
> [Цветаева 1994, 3: 135].

Как и в посвященных Пастернаку стихах, чувство героини
к адресату колеблется между эмоциональными полюсами. Тон
близости, которым проникнуто начало стихотворения, сменяется плачем отчуждения и покинутости. В конце Цветаева перено-

---

[18] См. [Rilke 1996, 2: 206]. Во второй элегии Рильке говорит о влюбленных,
которых защищает природа: «Denn es scheint, dass uns alles / verheimlicht».

сит отношения в «четвертое измерение», за пределы этого мира, начиная процесс деэротизации: «Из всего *того* один лишь *свет* тот / Наш был, как мы сами — только отсвет / Нас — взамен всего сего — весь тот свет» [Цветаева 1994, 3: 135]. Достигая бессмертия, лирическая героиня поднимается из своей «ямы» до небесных высот. Теперь она не называет себя возлюбленной Рильке, но приветствует его в новом мире, мире поэзии и чистого звука: «С новым звуком, Эхо! / С новым эхом, Звук!» [Цветаева 1994, 3: 135]. Стихотворение завершается головокружительным вознесением в новый мир поэзии. Постепенно героиня поднимается «поверх Роны и поверх Rarogn'a» [Цветаева 1994, 3: 135], откуда вручает свой поэтический дар, «Новогоднее», «Райнеру — Мария — Рильке — в руки» [Цветаева 1994, 3: 136]. Так Орфей и Эвридика соединяются в бестелесном мире поэзии.

Тема единства Эроса и смерти, заимствованная из мифа об Орфее, занимала русских символистов, поколение поэтических предшественников Цветаевой. Некоторые из этих поэтов называли себя декадентами вслед за европейскими современниками Бодлером и Верхарном (а также чрезвычайно популярным в Европе Э. А. По). В декадентском течении на Западе были широко распространены темы упадка, распада и смерти. Поэзия и проза русских символистов также обращается к этим явлениям, часто в более мистически-духовном ключе. В произведениях одного из отцов-основателей русского символизма В. Брюсова восхищение сюжетом, где любовь завершается смертью, идет от убеждения, что подлинная красота недостижима на земле[19]. Только в «запредельном мире» возможна истинная красота, пишет Брюсов. Миссия поэта, по его мнению, — миссия «провидца, который выходит за рамки времени и пространства, "за пределы"»[20].

Хорошо известно, что Цветаева презирала творчество Брюсова и обвиняла его в банальности как в жизни, так и в поэзии. Как она писала в очерке «Герой труда», где говорится о встрече

---

[19] О декадентстве в творчестве В. Брюсова см. в [Grossman 1985].

[20] См. [Grossman 1985: 121]. Здесь Дж. Гроссман ссылается на цикл стихотворений В. Брюсова «Me um esse» в [Брюсов 1973, 1: 9–133].

с Брюсовым, «на Брюсове не будут учиться писать стихи [...]» [Цветаева 1994, 4: 62]. При этом внимание Цветаевой к образу поэта и его способности выходить за земные пределы близко к брюсовскому. Идею запредельного в «Новогоднем» отличает от той же идеи у поэтов-символистов ее жизнеутверждающий характер. Смерть видится не окончанием, но, скорее, новым началом. Поэма заканчивается на столь высокой ноте, что смерть Рильке переходит в то, что С. Бойм метко назвала «избытком жизни» [Boym 1991: 221]. Экзальтированное приветствие Цветаевой Рильке в его «новом доме» означает обещание нового века, нового начала.

Таким образом, мы подходим к последнему из трех важнейших дискурсов «Новогоднего»: лирико-театральному. Преобладание лирического дискурса носит характер преувеличения. Так, противоречие между маргинальностью и главенствующей ролью поэта метафорически выражается в следующем четверостишии:

> С незастроеннейшей из окраин —
> С новым местом, Райнер, светом, Райнер!
> С доказуемости мысом крайним —
> С новым оком, Райнер, слухом, Райнер!
> [Цветаева 1994, 3: 135].

Незначительность же роли поэта выражена в том, что Рильке сослан на край цивилизации, но торжественность тона четверостишия с его анафорическими восклицательными поздравлениями говорит о чрезвычайном значении этой ссылки. Куда важнее географии то, что Рильке вновь обретает два важнейших для поэта качества — зрение и слух. Здесь строки Цветаевой перекликаются с героем Рильке Мальте Лауридсом Бригге, который приравнивает развитие своего поэтического дара к умению видеть — «ich lerne sehen» («Я учусь видеть») [Rilke 1996, 3: 456; Рильке 2021: 7]. И поскольку сама Цветаева часто называет писание стихов «хождением по слуху»[21], умение слышать становится важнейшим:

---

[21] «Искусство при свете совести» [Цветаева 1994, 5: 363].

Все тебе помехой
Было: страсть и друг.
С новым звуком, Эхо!
С новым эхом, Звук!
[Цветаева 1994, 3: 135].

Из плакальщицы лирическая героиня преображается в собрата по перу, в равного своему адресату поэта. И все же встреча двух поэтов происходит в пустоте, а лирическая героиня изъясняется тем же «языком отсутствия», который часто прослеживается в поэтических обращениях к Пастернаку:

Райнер, радуешься новым рифмам?
Ибо правильно толкуя слово
Рифма — что — как не — целый ряд новых
Рифм — Смерть? [Цветаева 1994, 3: 135].

Изобилие тире в этом четверостишии напоминает о пропасти, о пустоте, в которую входит героиня. Но театральность места действия смягчает эту пустоту и представляет свидание двух поэтов в другом, идеальном мире и в радостном, триумфальном свете. Появление элементов театральности в «Новогоднем» может показаться удивительным, поскольку Цветаева часто отрицала какой-либо свой интерес к театру как искусству: «Не чту Театра, не тянусь к театру и не считаюсь с Театром. Театр (видеть глазами) мне всегда казался подспорьем для нищих духом ... — Некоей азбукой для слепых. А сущность Поэта — верить на слово!»[22]

И все же, в действительности Цветаева была автором нескольких трагедий; ее любовь к театру также отмечается в воспоминаниях поэта П. Г. Антокольского, который ввел ее в театральный мир Москвы:

Я был свидетелем противоположного — трогательной тяги Марины Ивановны Цветаевой к театру, к молодому актерскому коллективу, к ученикам Евгения Багратионовича Вахтангова, к маленькой сцене в Мансуровском переулке на Остоженке в 1918–1920 годах [Цветаева 1988: 5].

---

[22] Цит. по введению П. Г. Антокольского к [Цветаева 1988: 5].

Помимо написанных в 1919–1924 годах пьес лирика Цветаевой также иногда обнаруживает присутствие драмы. Так, П. Г. Антокольский цитирует стихотворение «Диалог Гамлета с совестью» как пример «драматического диалога» и находит элементы сатирической комедии в «Крысолове». В свете этого рассматриваемое посвящение Рильке можно считать односторонним, как бы открытым диалогом, где словно бы предвкушается возможность ответа. По мнению Н. Фрая, драма определяется как «внешний мимесис» или «внешнее представление звука и образов» [Frye 1973: 250], и это можно проследить в следующем воображаемом диалоге:

> Теперь — как ехал?
> Как рвалось и не разорвалось как —
> Сердце? [...]
> Дух захватывало — или пуще?
> [Цветаева 1994, 3: 132].

Элементы других жанров с драматическим действием, таких как опера или кино, также заметны в «Новогоднем». Так, сам образ пишущей письмо героини отсылает к образу эмансипированной пушкинской Татьяны в опере Чайковского. Она колеблется между сомнением: «Кто ты, мой ангел ли хранитель, / Или коварный искуситель [...]», — и предвкушением: «Я жду тебя [...]», — ожидая, что Онегин спасет и утешит ее: «Вообрази, я здесь одна / Никто меня не понимает» [Пушкин 1977–1979, 5: 62][23]. Лирическая героиня Цветаевой в «Новогоднем» находит утешение в глубинах своего существа. Она сама разрывает связь: «Ничего у нас с тобой не вышло» [Цветаева 1994, 2: 135] и сама становится утешительницей обоих.

В своих воспоминаниях «Мой Пушкин» Цветаева пишет, что знаменитый «дуэт» Онегина и Татьяны завораживал ее с самого детства, когда она услышала его в музыкальной школе в шестилетнем возрасте. В детстве она воспринимала обоих героев как

---

[23] В либретто оперы Чайковского «Евгений Онегин» текст письма Татьяны практически не изменен.

единое целое, но эмоционально была более привязана к Татьяне: «Мать ошиблась. Я не в Онегина влюбилась, а в Онегина и Татьяну (и может быть в Татьяну немножко больше), в них обоих вместе, в любовь» [Цветаева 1994, 5: 71].

Дуэт двух близких по духу поэтов, где ведущая партия отводится женщине-поэту, входит в полифоническую структуру «Новогоднего»[24]. Появление современного монументального музыкального произведения, симфонии Леры Ауэрбах, подтверждает мое прочтение цветаевского посвящения Рильке с музыкально-драматической точки зрения. В написанный в 2007 году «Реквием по поэту» Л. Ауэрбах включила весь текст поэмы. Произведение представляет собой драматический диалог между меццо-сопрано (Цветаевой) и виолончелью (Рильке), сопровождаемый смешанным хором мужских и женских голосов и оркестром[25].

Другой театральный элемент стихотворения — динамика сценографии. Цветаева создает две мизансцены — лирическая героиня в рабочем предместье Парижа и ее адресат в многоярусном райском амфитеатре с огромным баобабом в центре. Героиня описывает свою жизнь как существование узницы в тюремной камере с прекрасным видом:

---

[24] Моя интерпретация музыкального и драматического потенциала стихотворения подтверждается в современном сочинении композитора Леры Ауэрбах «Симфония № 2. Реквием по поэту» 2007 года.

[25] Я анализирую поэтический и музыкальный аспекты симфонии в моем докладе 2013 года для конференции AATSEEL («Американской ассоциации преподавателей славянских и восточноевропейских языков») под названием «Симфоническая интерпретация Леры Ауэрбах поэмы Цветаевой "Новогоднее"». У современного читателя есть мгновенный доступ к аудиозаписям стихов и музыкальным сочинениям по произведениям Цветаевой в интернете. Помимо записей в Youtube, отрывки, а иногда и произведения целиком, начитанные актерами, можно найти на сайте «Старое радио». Кроме того, в 2011 году телеканал «Культура» показал программу о поэтическом «треугольнике» в цикле «Больше, чем любовь» — «Райнер Мария Рильке, Марина Цветаева и Борис Пастернак». URL: http://etvnet.com/tv/dokumentalnyie-filmyi-online/bolshe-chem-lyubov-rajner-mariya-rilke-marina-tsvetaeva-i-boris-pasternak/430560/ (дата обращения: 23.07.2022).

В Беллевю живу. Из гнёзд и веток
Городок. Переглянувшись с гидом:
Беллевю. Острог с прекрасным видом
На Париж — чертог химеры галльской —
На Париж — и на немножко дальше...
[Цветаева 1994, 3: 135].

Это «немножко дальше» приводит читателя в личный рай героини, тесно связанный с именем ее адресата[26]:

Не ошиблась, Райнер — рай — гористый,
Грозовой? Не притязаний вдовьих —
Не один ведь рай, над ним другой ведь
Рай? [Цветаева 1994, 3: 135]

Поэт, как режиссер, руководящий своими героями, словно бы
настраивает Рильке на презрение к обыденности и распрям между
русскими поэтами-эмигрантами, начиная от живущих в бедном
предместье Беллевю (она сама) до обитателя дорогого особняка
Бельведер, ее современника И. Бунина, будущего нобелевского
лауреата[27]. В этот пассаж она вплетает несколько полифониче-
ских отступлений[28]:

---

[26] Исследователи отмечают связь «рая» с несколькими понятиями: санаторий,
где жил Рильке во время переписки с Цветаевой, и рай, придуманный самой
Цветаевой как место идеального существования поэта. Летом 1926 года
в письме Тесковой она пишет: «Люблю в театре только раек (верх), т. е. горы,
которых здесь нет» (письмо от 8 июня 1926 года) в [Цветаева 2009: 58].

[27] По случайному совпадению именно летом 1926 года мэтр русской словесно-
сти и, как и Цветаева, эмигрант Иван Бунин насмехался над нарочито эро-
тическими эпитетами («красная дыра») в ее «Поэме горы» в [Бунин 1926: 3].
Цит. по: [Шевеленко 2002: 329]. Эти два понятия — Беллевю и Бельведеры —
я рассматриваю подробно в [Заславская 2021].

[28] Как правило, критики вслед за И. Бродским отмечают только символическое
значение Бельведеров. Я полагаю, что названием «Бельведеры» Цветаева
повторила название виллы в Провансе, место жительства И. Бунина с 1924 года. Цветаева пишет о своей неприязни к личности Бунина и упоминает эту
виллу в качестве его места жительства в письме к Тесковой несколькими
годами позже. См. письмо от 24 ноября 1933 года в [Цветаева 2009: 220]. См.
также [Заславская 2021].

Как тебе смешны (кому) «должно быть»,
(Мне ж) должны быть, с высоты без меры,
Наши Беллевю и Бельведеры!

Рай, по описанию очень кинематографичный и состоящий из явно несовместимых частей, неожиданно превращается в свое подобие по языковому принципу, в амфитеатр: «Рай не может не амфитеатром быть. (А занавес над кем-то спущен...)» [Цветаева 1994, 3: 135]. Рай, он же раек, — это галерка амфитеатра, где сидят юные или бедные, но всегда наименее привилегированные зрители[29]. Они, в свою очередь, видят, как опускающийся занавес скрывает адресата поэмы, поэта Рильке, от толпы. В этом контексте Рильке остается под покровом тайны, зримый только для того, кто способен разделить его поэтическое видение, то есть автора / лирической героини поэмы.

В заключении «Новогоднего» автор поэмы-письма эволюционирует от видимой пленницы Беллевю до фигуры исключительной значимости, к окончанию поэмы сравнимой с целым морем:

Свидимся — не знаю, но — споемся
С мне-самой неведомой землею —
С целым морем, Райнер, с целой мною!
[Цветаева 1994, 3: 136]

Поднимаясь по несуществующей лестнице на встречу с Рильке, она протягивает ему только что написанную поэму, и его воображаемые протянутые руки принимают это поэтическое послание:

— Чтоб не залили, держу ладонью —
Поверх Роны и поверх Rarogn'a,
Поверх явной и сплошной разлуки —
Райнеру — Мария — Рильке — в руки
[Цветаева 1994, 3: 136].

---

[29] П. Бродски отмечает это значение в [Brodsky 1980], о чем упоминается в [Азадовский 1992: 39, 313]. К. Азадовский также считает, что мотив лестницы у Цветаевой в «Новогоднем» становится более значимым. «Поэма лестницы», законченная Цветаевой за несколько месяцев до «Новогоднего», содержит прямые аллюзии на лестницу Иакова.

Этот двойной жест усиливает драматический потенциал стихотворения. Жест — акт внешний, ограниченный в пространстве, если не во времени. Союз двух поэтов перевоплощается в пантомиму, где одна приносит свои поэтические дары другому. Использование «театрального поведения» неотделимо от образа «харизматического» поэта. В «Новогоднем» драматический дискурс подчеркивает ключевую роль Цветаевой в драме ухода Рильке в смерть и его последующего вознесения.

Через несколько недель после завершения «Новогоднего» Цветаева пишет «Твою смерть», теперь уже посвящение Рильке в прозе, где лирическая героиня представляет всю Россию, оплакивающую его безвременную кончину. Три сочетания типов дискурса — агиографическо-мифический, погребально-эротический, литературно-театрализованный, — которые я использую в анализе «Новогоднего», — немного изменяются при обсуждении сложного, схожего с поэзией прозаического произведения — дара памяти ушедшему поэту. Так, в «Твоей смерти» агиография полностью вытесняет аллюзии на древнюю мифологию, элементы эротические во многом заменены дискурсом погребально-материнским, где материнская любовь заменяет любовь эротическую, но литературно-театрализованный дискурс остается почти неизменным.

В отсутствие мифологического компонента, очевидного в «Новогоднем», более выраженным здесь является агиографический дискурс: Рильке «сакрализован» до степени приближения к фигуре Христа, пожертвовавшего свою кровь для спасения других. Он вновь появляется в двоякой роли оплакиваемой жертвы и жертвующего собой спасителя[30]: «Признаньями, исповедями, покаяниями, вопросами, чаяньями, припаденьями, прониканьями мы тебя залюбили — до язв на руках. Через них ушла вся кровь». И далее: «Истек хорошей кровью для спасения нашей, дурной. Просто — перелил в нас свою кровь» [Цветаева 1994, 5: 204]. Этот агиографический образ Рильке дополняет образ слабоумного мальчика Вани, чье слабоумие делает его юродивым, «блажен-

---

[30] См. также [Hasty 1983: 41–64].

ным»[31], и эта святость выражается в счастливом расположении к окружающим:

— А у меня есть брат, — неожиданно сказала моя знакомая, — почти такого же развития как Ваш сын. Папа, мама, дядя, спасибо, пожалуйста... — Сколько лет? — Тринадцать. — Недоразвитый? — Да, и очень хороший мальчик, очень добрый. Ваня зовут [Цветаева 1994, 5: 204].

Ване 13, но его речь похожа на речь маленького ребенка, включая столь же детскую невинность: «от него, действительно, свет» [Цветаева 1994, 5: 199]. Его существование составляет цель жизни и утешение для его матери и няни: «Няня замечательная, всю жизнь ему отдала. Так и живут, мать, няня, он. Им живут» [Цветаева 1994, 5: 199]. Сходство образа Вани с блаженным усиливается, когда рассказчица описывает похороны Вани словно праздник, посвященный святому: «Если бы ты сейчас мог увидеть нас всех здесь собравшихся, весь этот переполненный храм, ты бы, наверное, спросил: "Какой сегодня праздник?" И мы бы ответили: "Твой, Ваня, праздник. Тебя празднуем"» [Цветаева 1994, 5: 201].

Изображение Вани напоминает образ Рильке в «Новогоднем». Рильке описывается глядящим на мир «с высоты без меры», Ваня наблюдает за оплакиванием себя «со своей высоты». Агиографические мотивы продолжают усиливаться, поскольку лирическая героиня упрашивает Ваню молиться за всех живых:

Милый Ваня, если бы ты сейчас со своей высоты мог видеть — да ты и видишь со своей высоты — нас всех, окруживших твой маленький гроб — видя наши слезы, наше горе, чтобы ты, Ваня, сказал нам, захотел ли бы снова вернуться сюда? Нет, Ваня, ни ты, никто из узревших *ту* красоту уже не захочет на землю [...] Помолись за нас [Цветаева 1994, 5: 201].

---

[31] Об образе блаженного, юродивого в русской литературе см. в [Murav 1992].

Житийный образ Вани завершает следующий пассаж, где его желаемое воскресение напоминает бесчисленные воскресения библейских святых [Murav 1992: 265][32]:

> Ваня Г<учко>в — восстанавливаю обратно в жизнь. Первое: узость. Узкие скулы, узкие губы, узкие плечи, узкие руки. От того, что узко — не тесно. От того, что не тесно — радостно. Светлота волос на лбу и, минуя все присущее не сущему — нежное, строгое отроческое лицо, которое в данную минуту читаю вспять: в жизнь [Цветаева 1994, 5: 202–203].

Роль Вани здесь — усилить агиографичность образа Рильке. Его имя — имя фольклорного русского дурачка, и его русскость, противопоставленная всеобщности Рильке, подчеркивается этим: «Хорошее имя, самое русское и самое редкое, сейчас никто так не зовет [...]» [Цветаева 1994, 5: 198].

А затем рассказчица, оплакивающая смерти всех героев — Рильке, учительницы французского Mlle Jeanne Robert и слабоумного мальчика Вани, — выступает как мать всех троих, ведь она метафорически помещает их всех в свое сердце: «Райнер-Мария Рильке, покоящийся на скале Rarogne над Роной — без соседей — во мне, его русской любящей, покоится: между Жанной и Ваней — Иоанной и Иоанном» [Цветаева 1994, 5: 205]. Эту метафору материнства подтверждают отношения героини с обоими персонажами, чьи смерти обрамляют кончину Рильке — Mlle Robert и Вани. Француженка Mlle Robert, безгранично преданная детям русских эмигрантов, сама является материнской фигурой. Она — любящий друг для другой матери — лирической героини «Твоей смерти»:

> Mlle Jeanne Robert, певшая годовалому сыну эмигранта: «V siélé novom Vanka jil»... — чтобы не забывал России, и ведшая имя Мур от Amour. Mlle Jeanne Robert, в прошлом году на мой русский вечер не только пришедшая, но пришедшая на него первая — [...] [Цветаева 1994, 5: 197].

---

32 О. Хейсти полагает, что этот фрагмент повествует о живительной силе поэзии.

Мадемуазель Жанна Робер не только давала уроки дочери Цветаевой Ариадне, но и пела с любовью по-русски с французским акцентом годовалому брату Ариадны Георгию (Муру) Эфрону, настаивая на том, что прозвище Мур происходит от французского Amour (Любовь). В то же время лирическая героиня здесь выполняет двойную материнскую функцию: будучи матерью в привычном, обыденном смысле, она еще, что метафорически более важно, как бы является матерью всех троих умерших. Материнство здесь тесно сплетается с концом жизни, в прямом и переносном смыслах. Заботливая мадемуазель Робер в середине очерка умирает, а лирическая героиня Цветаевой благодаря литературному дару, привязанности и воображению метафорически становится «матерью» всех троих персонажей и оплакивает их смерть.

В «Новогоднем» Цветаева приветствует Рильке в новом царстве света. В финальных строках ее голос силен и радостен, она находит возможность примирения и принятия смерти. В «Твоей смерти» она осуждает попытки людей «одомашнить» смерть, «Lebenstrieb смерти»: «*Lebenstrieb* смерти, Райнер, думал об этом? [...] Приручение неведомого. Одомашнение смерти, как тогда — любви. Обычное непопадание в тон» [Цветаева 1994, 5: 193].

В то же время новость о смерти Mlle Robert для рассказчицы словно оживляет сонный дом, как будто в сказке о Спящей красавице:

> Итак, дом проснулся. Из того, что он явно проснулся, стало ясно, что он спал: бабушкой, дядей, теткой, матерью мальчика, отцом и матерью девочки, самой девочкой, самим мальчиком, в течение целых трех недель всеми своими обитателями спал как заколдованный. По тому как дом ожил стало ясно: она умерла [Цветаева 1994, 5: 194].

Mlle Robert прожила достойную жизнь. Она — напоминание о нашей неспособности принять смерть, при этом она, словно Спящая красавица, оживляет и вдохновляет других. Даже героиня очерка при ее заведомом превосходстве над другими домочадцами в принятии конечности смерти не скорбит чрезмерно о мадемуазель. Напротив, она старается запомнить ее такой, какой та была в жизни — щедрой и доброй к обедневшим русским эмигрантам: «Mlle Jeanne Robert, ездившая к русской девочке Але [...] Mlle Jeanne Robert, бравшая за часовой урок, длившийся два [...] считаясь не с "падением франка," а с его, франка, на нас, intelligence russe, падением» [Цветаева 1994, 5: 197].

Талант доброй феи Жанны Робер в жизни и смерти становится альтернативой по отношению к роли Рильке в очерке. В то время как он в переносном смысле «проливает» кровь за человечество, она просто помогает другим по мере своих скромных сил и средств. Если Рильке приносит духовное утешение одинокой изгнаннице, мадемуазель Робер оказывает самую что ни на есть реальную поддержку для бедствующей русской интеллигенции. С ее смертью уходит дух простой материнской заботы и оставляет лирическую героиню, метафорическую мать, описывать смерть ее троих «детей» лирическим языком очерка.

Поэтический дискурс «Твоей смерти» берет начало в «Новогоднем», поскольку Цветаева вновь исследует здесь противоречие между маргинальностью и мессианской ролью поэта[33]. Это противоречие воплощает ее лирическая героиня. С одной стороны, она ведет нищенское существование русской эмигрантки, с другой, — в метафорическом смысле становится матерью для странной троицы — Рильке, мадемуазель Робер и мальчика Вани. Присутствие Рильке тут, как и в «Новогоднем», — божественной природы; здесь не возникает и намека на земную любовь, поскольку с самого начала Рильке предстает не как возлюбленный, а как дух поэзии, ведущий диалог с героиней на равных. Смерть поэта здесь — трагедия, которая неизбежно следует за его самопожертвованием:

---

[33] К. М. Азадовский в комментарии о «Твоей смерти» [Азадовский 1992: 315] цитирует известное письмо Цветаевой к А. Тесковой от 26 апреля (3 день Пасхи) 1927 года [Цветаева 2009: 88], в котором поэт называет «Твою смерть» «лирической прозой».

Твоя болезнь — началась с переливания крови — твоей — во всех нас. Больным был мир, близким лицом его — ты. Что когда спасет перелившего! Поэзия ни при чем. «Только лишняя порча крови», «что зря кровь портить», — так говорит быт. Предел этого «зря» и «лишнего» — окончательная порча крови, то естъ смерть. Твоя смерть [Цветаева 1994, 5: 204][34].

Эти строки вводят темы вины и самопожертвования, становящиеся центральными в очерке. Вину несет непонимающая аудитория, которая смотрит на поэзию как на необязательную безделушку. Жертва, с другой стороны, — судьба поэта-мученика. Важность этих двух тем подчеркнута драматическими элементами, указывающими на судьбу и искупление.

Бесконечные кровопускания, которые переносит Рильке, и его могила на вершине скалы («Райнер-Мария Рильке, покоящийся на скале [...]» [Цветаева 1994, 5: 205]) навевают мысль о вагнерианских мотивах. Кровь напоминает о вагнеровском Амфортасе, чью рану мог излечить только искупитель Парсифаль. Скала вызывает в памяти Нибелунгов и героев, искупающих ошибки богов. Присутствие русского слабоумного Вани заставляет вспомнить о мотиве появления «Юродивого» из «Бориса Годунова», как единственно верного предсказателя судьбы русского народа[35].

Помимо сказочных, театральных и оперных аллюзий, в произведении присутствуют элементы, раскрывающие его общий драматический потенциал. Когда рассказчица описывает квартиру Вани, она использует односложные выражения, словно сценические ремарки: «Две комнаты с кухней. Кроватка» [Цветаева 1994, 5: 199]. Повествовательница весьма уверенно пользуется этим сценическим языком; она намеренно цитирует свои

[34] Тема самопожертвования Рильке в «Твоей смерти» поднимается О. П. Хейсти в [Hasty 1983: 54]. Рильке умер от лейкемии.

[35] Современный писатель М. Шишкин освещает роль юродивого в русской культуре в очерке 2013 года «Поэт и Царь: Две России». URL: https://newrepublic.com/article/113717/mikhail-shishkin-pushkin-and-putin (дата обращения: 24.08.2022).

ремарки, описывая панихиду по умершему: «"Две комнаты с кухней". Кроватки не видно, ничего не видно, кроме спин. Панихида идет без света» [Цветаева 1994, 5: 200].

Семиотика прозаического произведения, в котором драматические элементы выступают в роли означающего, помещает Рильке посреди драмы «судьбы и воздаяния», в которой поэт — невинная жертва катаклизмов эпохи и в то же время величайший искупитель в истории человечества[36]. Как отмечает Г. Фрейдин, эта драма — неотъемлемая часть поэтики «умирающего века», особенно свойственная русской литературе 1920-х годов. Мандельштам, подобно некоторым другим поэтам — своим современникам, провозгласил смерть старого века и его поэтов в стихах, начинающихся апокалиптическими строками: «Век мой, зверь мой» и «В Петрополе прозрачном мы умрем» [Мандельштам 1990, 1: 145, 112]. Цветаевский Рильке телесно и духовно словно бы переносится на русскую почву, становясь частью мифологии о роли поэта в России. Тот факт, что он, воплощение «чистой поэзии», стал для Цветаевой и ее современников поэтом-мучеником и примером «судьбы и воздаяния», подтверждают следующие строки:

[...] Райнер — тебя не было не только в моей жизни, тебя вообще в жизни не было [...] Было — [...] призрак, то есть величайшее снисхождение души к глазам (нашей жажде яви). Длительный, непрерывный, терпеливый призрак, дававший нам, живым, жизнь и кровь. Мы хотели тебя видеть — и видели. Мы хотели твоих книг — ты писал их. Мы хотели тебя — ты был. Он, я, другой, все мы, вся земля, все наше смутное время, которому ты был необходим. «В дни Рильке» [...] Духовидец? Нет. Ты сам был дух. Духовидцами были мы [Цветаева 1994, 5: 203].

Рильке оказывается особенно необходимым в тяжелое, «смутное время». У Цветаевой он становится вневременным духовным началом и духовным магнитом для своего поколения. Но Цве-

---

[36] Этот мотив был одним из важнейших для русской мысли 1920-х годов, как пишет Г. Фрейдин о Мандельштаме [Freidin 1987: 207].

таева в поэме — также персонаж достаточно значимый, чтобы искупить вину России перед Рильке, «ведь Россия на смерть Рильке ничем не ответила — это был мой долг»[37].

Это возвращает нас к мифу об инцесте, упомянутому в начале этой главы. Если рассматривать «Новогоднее» и «Твою смерть» как две составные части поэтического приношения Цветаевой памяти Рильке, ее поэтическая самоидентификация в роли возлюбленной и материнской фигуры одновременно означают как вину России перед своими поэтами (вину, искупить которую способна только она), так и способность Цветаевой спасти дух поэзии. Она, женщина-поэт, становится вместилищем греха и вины и в то же время играет искупительную роль для всего человечества.

Заканчивается «Твоя смерть» объединением троих умерших — Рильке и его двух альтер эго — личностью рассказчицы, русской поэтессы [Цветаева 1994, 5: 205]. Выражение «во мне, его русской любящей, покоится» имеет несколько коннотаций как эротического, так и материнского свойства. Самое важное, однако, то, что Цветаева предлагает себя в качестве места упокоения Рильке. Одновременно она несет в себе «воплощение поэзии» и становится ее основным представителем. Как и «Новогоднее», «Твоя смерть» являет собой «защиту поэзии» в качестве дара от харизматического поэта Цветаевой.

Итак, мы рассмотрели несколько типов дискурсов, которые Цветаева использует в своем посвящении «парадигматическому поэту» Рильке. Теперь время обратиться к «Элегии Марине Цветаевой-Эфрон», которую Рильке сочиняет в разгар их переписки. «Marina Elegie», как называла ее Цветаева[38], — воплощение темы глубокой меланхолии, встречающейся в разной степени в поэзии

---

[37] Письмо от 26 апреля (3 день Пасхи) 1927 года [Цветаева 2009: 88]. См. в первую очередь [Hasty 1983: 41–64].

[38] См. письмо от 14 ноября 1936 года в [Цветаева 2009]. Переводится как «Элегия для Марины», «Элегия Марине» или просто «Элегия» в большинстве переводов, следуя за цветаевским вариантом оригинального заглавия — «Marina Elegie». См. [Азадовский 1992: 272].

Цветаевой и Пастернака. По сути, этот мотив связывает Рильке с двумя русскими поэтами, в то же время отдаляя его от них.

В поэтическом обращении Рильке к Цветаевой многообразно присутствует то же противоречие между важностью роли поэта и его маргинальностью, что звучит в стихах его российской собеседницы. Однако при более пристальном рассмотрении обнаруживается, что элегия Рильке жестко утверждает вечную неприкаянность и неуместность поэта. В отличие от цветаевских посвящений Рильке и Пастернаку, мрачный конец элегии «деконструирует» данное в ней же обещание покоя и мирной близости к природе[39]. В ней нет духовного подъема, на котором были созданы «Часослов» и «О бедности и смерти», два цикла стихов, на которые Рильке вдохновили путешествия по России[40]. Это произведение принадлежит к числу последних поэтических произведений Рильке; Цветаева назвала его последней Дуинской элегией [Азадовский 2000: 140][41]. Хотя Рильке и не включил «Элегию Марине» в этот цикл, образность «Элегии» соответствует суровому эмоциональному ландшафту «Дуинских элегий»: влюбленные, чьему существованию угрожают тяготы жизни, далекая возлюбленная и одинокий поэт, подверженные испытаниям бытия [Rilke 1996, 2: 199–234]. Лирический герой Рильке предстает в роли разочарованного европейского поэта-космополита в изгнании. Два произведения, которые поэты посвятили друг другу, связывает экзистенциальная неопределенность, отличающая остро чувствующих европейских поэтов того времени. Однако если в посвященных Рильке произведениях Цветаева предстает русским «харизматическим» поэтом, а Рильке изображен поэтом «парадигматическим», в элегии Рильке нет таких различий. Для него и лирический герой, и Марина (адресат элегии) — одинокие странники со схожей судьбой, пребывающие между вечностью и отверженностью.

---

[39] См. также [De Man 1979: 20–56] о поэзии Рильке в целом.

[40] Анализ этих двух циклов см. у [Brodsky 1984].

[41] Цветаева утверждает это спустя десять лет после окончания переписки трех поэтов в письме к А. Тесковой от 14 ноября 1936 года.

Цветаевские произведения, посвященные Рильке, относятся к поэтике «умирающего века», уходящей эпохи, запечатленной также поэтами-современниками Цветаевой. То же можно сказать и касательно элегии, посвященной Цветаевой. Но если поэзия Цветаевой ведет диалог с русской «сакрализирующей» поэтикой, то поэзия Рильке — производная западной поэтики «интернализации» эстетического опыта[42]. Эта интернализация, согласно таким ученым, как М. Дэвис, была для Рильке средством противостояния «культуре инстинкта смерти» [Davies 1990: 207]. Рильке отчасти принадлежал к поколению поэтов и писателей, оперирующих «негативными категориями», в чьем творчестве «эстетика красоты и уродства более не отличались одна от другой» [De Man 1979: 23]. Хотя Рильке, подобно Цветаевой, не принадлежал к конкретной поэтической школе, в его произведениях заметно сходство с работами немецких экспрессионистов, таких поэтов, как Георг Тракль и Готфрид Бенн [Furness 1990: 157–159]. Экспрессионизм в Германии стремился запечатлеть хаос человеческого существования и изображал городское запустение, смерть и разрушения. «Записки Мальте Лауридса Бригге» с их гротескными описаниями смерти в холодном чужом Париже — типичный пример экспрессионистского письма. Такую эстетику можно также назвать эстетикой воспевания смерти или эстетикой «конца истории» [Davies 1990: 195]. Подобная точка зрения рассматривает будущее как «постоянный распад», эта концепция появилась после Франко-прусской войны, когда европейская либеральная мысль утратила влияние и отошла на второй план [Davies 1990: 194].

Рильке оставил веру в прогресс после своего второго путешествия в Россию. Во время пребывания в Париже в 1902 году он абсолютно разочаровался в окружавшем его мире материального прогресса [Furness 1990: 158]. Содержание его писем того времени к Лу Андреас Саломе близко к тому, что он напишет

---

[42] См. [Зубова 1985] и [Davies 1990: 193–210]. М. Дэвис называет стиль Рильке того времени «культивированием замкнутости, обращенности внутрь».

в 1907 году в «Записках Мальте Лауридса Бригге», говоря о жестоком наступлении цивилизации[43]:

> Судорожный дребезг трамвая насквозь пробивает комнату. Надо мной проносятся автомобили. Хлопает дверь. Где-то разбилось со звоном стекло, большие осколки хохочут, хихикают мелкие, я все это слышу. [...] Вверх летит звон трамвая, над всем, сквозь все, прочь, прочь.

Как точно замечает М. Дэвис, для такого поэта, как Рильке, потеря веры в наступление технического прогресса означала

> [...] внутреннее изгнание, порожденное запретами, и желания, вызываемые конфликтом между обязанностями и возможностями, а также сожаления и устремления, сопутствующие отношениям между его внутренним миром и его занятиями [Davies 1990: 199].

Тревога и страх превалируют во внутреннем мире поэта, порождая глубокую меланхолию.

Замечено, что теория психоанализа Фрейда преобразовала мировоззрение его современников [Davies 1990: 201]. Фрейд предполагает, что основная движущая сила цивилизации — борьба между Эросом и Танатосом. Как он пишет в «Неудобствах культуры» [Фрейд 2013: 92]:

> Она [культура] является процессом, обслуживающим Эрос, который стремится объединить сначала отдельных индивидов, позднее семьи, затем племена, народы, нации в одно большое сообщество — человечество. [...] Но этой программе культуры противостоит естественное агрессивное влечение людей, враждебность каждого ко всем и всех к одному. Это агрессивное влечение является отпрыском и главным представителем влечения к Смерти, обнаруженного нами наряду с Эросом и разделяющего с ним господство над миром. А теперь, на мой взгляд, смысл развития культуры

---

[43] Rilke, «Die Aufzeichnungen des Malte Laurids Brigge» [Rilke 1996, 3: 455]. Перевод Е. Суриц в [Рильке 2021: 6, 7].

прояснился. Он, безусловно, демонстрирует нам борьбу между Эросом и Смертью, между стремлением к жизни и влечением к разрушению, как она протекает в роде человеческом.

Фрейд делает вывод, что культуру смерти отмечает разрушение идеалов и иллюзий [Freud 1961: 66]. Он утверждает, что эта культура выражается в форме меланхолии [Freud 1961: 48]. Меланхолик чувствует враждебность и пустоту внешнего мира. В терминах фрейдистских на уровне индивида [Freud 1961: 48]:

> Страх смерти при меланхолии допускает только одно объяснение — что эго сдается, поскольку чувствует себя ненавидимым и наказываемым супер-эго, вместо того, чтобы чувствовать себя любимым. Для эго, таким образом, существовать означает быть любимым. [...] Но, когда эго оказывается в чрезмерной реальной опасности, которую чувствует невозможным преодолеть собственными силами, [...] оно ощущает себя брошенным всеми защищающими силами и дает себе умереть.

На коллективном уровне это пересечение «непокорного филогенетического темперамента и структур мифического символизма, поддерживающих культуру и общество», создает меланхолию [Davies 1990: 202][44].

Из всех видов искусства именно элегия лучше всего подходит для выражения такого типа меланхолии, для «размышлений о несоответствии между ожиданиями и опытом» [Davies 1990: 202][45]. Таким образом, считает М. Дэвис, «Дуинские элегии» направляли эту отрицательную энергию уныния на мифопоэтическое примирение со смертью [Davies 1990: 203]. Это действительно вполне характеризует позднюю поэзию Рильке в свете культурных мифов середины 1920-х годов.

---

[44] М. Дэвис ссылается на книгу Ю. Кристевой «Черное солнце. Депрессия и меланхолия» [Kristeva 1987] и Г. Маркузе «Одномерный человек» [Markuse 1964].

[45] О жанре элегии в немецкой литературе см. в также в [Ziolkowski 1980].

Несмотря на высказывание Цветаевой, посвященная ей элегия никогда не предназначалась для цикла «Дуинских элегий». Исследователи заметили существенное различие между «Элегией Марине» и дуинским циклом — разницу в тоне. «Элегия Марине» изображает атмосферу покоя: «в ней не [...] ставится вопросов и нет жалоб» [Hasty 1980: 91][46], — тогда как в «Дуинских элегиях» и более поздних сонетах преобладают общие экзистенциальные вопросы, а также «крики и шепоты» одинокого поэта. Взять, к примеру, образ героя в «Первой элегии», выкрикивающего в отчаянии божественным силам: «Wer, wenn ich schriee, hörte mich denn aus der / Engel Ordnungen?» [Rilke 1996, 1: 201] («Кто из ангельских воинств услышал бы крик мой?» [Рильке 2002: 4]). Или образ бродячих сальтимбанков, странствующих акробатов из «Пятой элегии», вызвавших живое любопытство героя:

> Wer aber sind sie, sag mir, die Fahrenden, diese ein wenig
> Flüchtigern noch als wir selbst, die dringend von früh an
> wringt ein wem, wem zu Liebe
> niemals zufriedener Wille? Sondern er wringt sie,
> biegt sie, schlingt sie und schwingt sie,
> wirft sie und fängt sie zurück; wie aus geölter,
> glatterer Luft kommen sie nieder
> auf dem verzehrten, von ihrem ewigen
> Aufsprung dünneren Teppich, diesem verlorenen
> Teppich im Weltall. (5-ая элегия Duineser Elegien)
> [Rilke 1996, 1: 2].

> Но кто же они, проезжающие, пожалуй,
> Даже более беглые, нежели мы, которых поспешно
> Неизвестно кому (кому?) в угоду с рассвета
> Ненасытная воля сжимает? Однако она их сжимает,
> Скручивает, сотрясает, сгибает,
> Бросает, подхватывает; словно по маслу
> С гладких высот они возвращаются книзу,
> На тонкий коврик, истертый
> Их вечным подпрыгиванием, на коврик,
> Затерянный во вселенной [Рильке 2002: 22].

---

[46] О. Хейсти цитирует [Basserman 1957: 230].

Сальтимбанки, которых скручивает, сотрясает, гнет и подбрасывает неодолимая сила, напоминают поэту о его собственном неустойчивом состоянии.

«Вторая элегия» начинается с образов «ужасных» ангелов смерти, утверждающих трагизм человеческого существования и «фатальную тягу» поэта к такого рода образам:

> Jeder Engel ist schrecklich. Und dennoch, weh mir,
> ansing ich euch, fast tödliche Vögel der Seele,
> wissend um euch [Rilke 1996, 1: 205].

> Каждый ангел ужасен. И все же, горе мне! Все же
> Вас я, почти смертоносные птицы души, воспеваю.
> Зная о вас [Рильке 2002: 10].

Ощущая уязвимость человеческого существования, поэт находит утешение в одиночестве, во внутреннем переживании своего опыта:

> Siehe, ich lebe, Woraus? Weder Kindheit noch Zukunft
> werden weniger [...] Überzähliges Dasein
> entspringt mir im Herzen. (9-я Элегия) [Rilke1996, 1: 229].

> Видишь, я жив. Отчего? Не убывают ни детство,
> Ни грядущее. В сердце моем возникает
> Сверхсчетное бытие [Рильке 2002: 44].

В «Дуинских элегиях» Рильке успешно противостоит «культуре смерти». В «Сонетах к Орфею» «интернализация» доходит до состояния безмятежности, и поэт воспевает свое особое положение. Во втором сонете это одинокое внутреннее утешение приобретает вид юной девушки, устроившей себе ночлег в ушной раковине поэта:

> Und fast ein Mädchen wars und ging hervor
> aus diesem einigen Glück von Sang und Leier
> und glänzte klar durch ihre Frühlingsschleier
> und machte sich ein Bett in meinem Ohr.
> Und schlief in mir. Und alles war ihr Schlaf
> [Rilke1996, 2: 241].

Почти что девочка... Нежнейший звон,
слиянье песни медленной и лиры.
Весенний зов и все блистанье мира
вошли в меня, в мой слух и полусон.

Я ложем стал. А это все во мне
покоилось: все дали, ароматы —
все, что настигло, вторглось внутрь когда-то
и ожило в дремотной глубине
[Рильке 2002а: 23].

Абсурдный на первый взгляд образ показывает, по сути, как далеко ушел поэт по пути развития своей поэтической восприимчивости. Если в «Записках Мальте Лауридса Бригге» поэт учился видеть («ich lerne sehen»), то бесплотный образ юной девушки в ушной раковине поэта намекает на совершенство его слуха, на тончайшую настройку для улавливания жизни. «Сонеты к Орфею», таким образом, опережают «Дуинские элегии» на пути борьбы поэта с «культурой смерти», демонстрируя своего рода внутреннюю передышку, не находящую места в элегиях. Особенно это заметно в последней строфе последнего сонета:

Und wenn dich das Irdische vergass,
zu der stillen Erde sag: Ich rinne.
Zu dem raschen Wasser sprich: Ich bin
[Rilke 1996, 2: 272].

О тебе забудет мир земной —
камню тихому шепни: теку я.
Быстрому ручью скажи: я есть
[Рильке 2003а: 106].

Сонет написан как апострофа — наставление далекому другу. Убедительное «я есть», брошенное в лицо равнодушию мира («wenn dich das Irdische vergass») красноречиво говорит о позиции поэта.

Орфей воплощает роковую комбинацию Эроса и смерти. Певец любви, он теряет возлюбленную Эвридику, попадающую в Аид.

Дух Орфея присутствует и в элегии, посвященной Цветаевой, хотя и в несколько измененном воплощении. Герой сонетов обретает мир внутри себя, в то время как скрытый в «Элегии Марине» Орфей — тот, кто обернулся, тем самым приговорив себя к вечным одиноким странствиям. «Er hat sich umgewendet» [Rilke 1996, 1: 503] («Он обернулся», как говорит Гермес Эвридике в стихотворении «Орфей. Эвридика. Гермес», написанном Рильке за 22 года до «Элегии Марине» [Rilke 1996, 1: 500–503]). Таким образом, в данной элегии Рильке возвращается к образу своего более раннего Орфея, обреченного на безутешные страдания.

«Элегия Марине Цветаевой-Эфрон» написана свободным двустишием, напоминая по форме «Дуинские элегии», но заметно отличаясь по тону[47]. Однако «уверенное спокойствие» тона элегии, отмечаемое ранними исследователями Рильке, в действительности утверждает здесь вечную неуверенность существования одинокого поэта[48]. В терминологии Фрейда, «Элегия Марине» воплощает орфическую борьбу между Эросом и смертью, приводящую к отрицанию возможности гармонии в этом мире. Как и Цветаева в поэмах «С моря», «Попытка комнаты» и «Новогоднее», Рильке изобретает «язык отсутствия», исключающий земную привязанность или союз. Ключевая разница между двумя поэтами в том, что отрицание мира у Рильке неизбежно ведет к поэтике «интернализации» — в отличие от цветаевского триумфального ухода в «другой мир» чистой поэзии.

Эротический подтекст «Элегии Марине» достаточно очевиден. Рильке обращается к своему адресату как к далекой возлюбленной, используя завуалированно эротические образы женского тела: «Wellen Marina, wir Meer! Tiefen, Marina, wir Himmel» («Вол-

---

[47] Перевод В. Микушевича. «Элегия» в [Рильке 1971: 354–356].

[48] У. Уотерс ссылается на историю из переписки Рильке того же 1926 года, на сей раз с вышеупомянутым Д. Бассерманом, изучающим его наследие. В письмах Бассерману Рильке говорит, что отклонил предложение записать свой голос для потомков. Для Рильке звукозапись сделала бы его образ более монументальным, уменьшив человечность, эфемерность, мимолетность его стихов. См. также [Basserman 1957: 230; Waters 2003: 120–121].

ны, Марина, мы море! Бездны, Марина, мы небо!»). Союз двух
поэтов представлен в начале «Элегии» в пасторальном единении
с природой:

Erde, Marina, wir Erde, wir tausendmal Frühling,wie Lerchen,
die ein ausbrechendes Lied in die Unsichtbarkeit wirft.
[Rilke 1996, 2: 405–406].

Мы — земля, Марина, мы тысячекратно весна.
Песня, как жаворонков, нас в невидимое извергает
[Рильке 1971: 355].

И далее, используя природные метафоры, Рильке называет
адресата женским цветком («weibliche Blüte») и шепчет об обни-
мающем ее ночном воздухе. Он намеренно помещает эти строки
в скобки, словно вводя новую тему чувственности:

(O wie begreif ich dich, weibliche Blüte am gleichen
unvergänglichen Strauch. Wie streu ich mich stark in die Nachtluft,
die dich nächstens bestreift) [Rilke 1996, 2: 406].

(Как я тебя понимаю, расцветшая женственным цветом
На нетленном кусте моем! Как я распыляюсь
Ветром ночным, который к тебе прикоснется!)
[Рильке 1971: 356].

Эта гармония чувств возвращает к «Сонетам к Орфею», отсылая к напоминанию о вечном повсеместном присутствии поэта:

Errichtet keinen Denkstein. Lasst die Rose
nur jedes Jahr zu seinen Gunsten blühn.
Denn Orpheus ists. Seine Metamorphose
in dem und dem. Wir sollen uns nicht mühn
um andere Namen. Ein für alle Male
ists Orpheus, wenn es singt. Er kommt und geht
[Rilke 1996, 2: 243].

Не ставьте памятника. Пусть лишь роза
ему подарит новый свой бутон.
Орфей — живой. Его метаморфозы

везде, во всем, во всех названьях — он.
Где песня, там — Орфей
[Рильке 2002a: 27].

В «Элегии Марине» Эрос отчетливо связан с Ars Poetica, и вдохновляющий поэта образ «weibliche Blüte» занимает значительное место в поэтике Рильке. Для него женственность тесно связана со способностью к творчеству, самый акт творения является женским опытом: «das tiefste Erleben des Schaffenden ist weiblich [...]», — говорит он в 1904 году, задолго до переписки с Цветаевой [Rilke 1950, 1: 47][49]. Здесь уместно будет вспомнить приведенные в первой главе слова Пастернака, обращенные к Цветаевой, где он утверждает, что как творец он обладает мириадой женских черт[50], а также описание Рильке Цветаевой как «ein Muttersohn»[51].

Модернистское представление об андрогинной природе мужского творческого дара можно объяснить через понятие нарциссизма и нарциссического либидо, становящегося объектным либидо [Freud 1961: 69]. По мнению некоторых исследователей, черты андрогинности в творчестве Рильке могли сложиться под влиянием версии мифа о Нарциссе, в котором фигурирует его сестра-близнец [Simenauer 1953: 637][52]. Согласно мифу, после ее смерти Нарцисс утешался, глядя на свое отражение в воде и представляя, что это его любимая сестра. Нигде в творчестве Рильке идея женского творческого начала, почти андрогинного, не проявляется с такой очевидностью, как в романе «Записки Мальте Лауридса Бригге» [Rilke 1996, 3: 453–635]. Череда героинь романа — поэтесса Луиза Лаббе, португальская монахиня Марианна Алькофорадо и музицирующая дворянка Гаспара Стампа — все испытывают несчастную любовь, трансформируя переживания в плодотворный творческий опыт, в письма, литературу и живопись. Искусство как бы поглощает объекты их любви, и женщи-

---

[49] Цит. в [Exner 1983: 24].

[50] Письмо от 11 июля 1926 года [Азадовский 2000: 193].

[51] Письмо от 9 мая 1926 года [Asadowski 1992: 49].

[52] Цит. в [Exner 1983: 31].

ны становятся самодостаточными творцами: им больше не нужна любовь извне, способность любить становится ключом к художественному творчеству. Удивительно, как эти персонажи романа Рильке 1910 года согласуются с философией любви Цветаевой, с их типично цветаевской сублимацией эмоционального и эротического опыта в творчество[53].

Одной из известнейших женщин, которыми Мальте восхищается за способность испытывать вдохновение одновременно с неразделенной любовью, является Беттина фон Арним, автор знаменитой «Переписки Гёте с ребенком» [Arnim 1992]. Для Мальте, альтер эго Рильке, эпистолярное произведение Беттины послужило источником поэтического вдохновения. Для него ее образ был сродни древней жрице, вдохновлявшей своей любовью:

> Eben warst du noch, Bettine, ich sehe dich ein. Ist nicht die Erde noch warm von dir, und die Vögel lassen noch Raum für deine Stimme. [...] Du fühltest dich so recht im Einklang mit Gott, wenn du jeden Morgen eine neue Erde von ihm verlangtest [...] Denn deine Liebe war allem gewachsen [Rilke 1996, 3: 598].

> Ты живая, Беттина. Ты здесь. Разве земля остыла от твоего жара? Разве не ждут твоего голоса птицы? Выпадает другая роса, но звезды — разве не прежние звезды твоих ночей? И разве весь мир — не твой? Как же часто ты его подпаляла любовью и смотрела, как он горит и обугливается, и тайком, когда все засыпали, замещала другим. Ты была в совершенном согласии с Богом, каждое утро требуя новой земли из его рук, ведь всем созданным им мирам настает свой черед. Ты не удостаивала их сберегать, исправлять, нет, ты их расточала и тянулась к новым. Ведь любовь твоя стала вровень и равновелика — всему [Рильке 2021: 208, 209].

Цветаеву также завораживала философия любви Беттины и то, какой изобразил ее Рильке. Два года спустя после его смерти она написала:

---

[53] В пользу этого свидетельствуют особенности отношений Цветаевой с Пастернаком, Рильке, Парнок, Гронским, Родзевичем и многими другими. Детали биографии Цветаевой см. у [Швейцер 2002; Karlinsky 1985].

Любовь не терпит третьего. Беттина не терпит второго.
Ей Гёте — помеха. Одна — любить. Сама — любить.
Взять на себя всю гору любви и нести сама. Чтобы не было
легче. Чтоб не было меньше [Азадовский 1992: 164].

Цветаева прекрасно знала, как зачарован был Рильке личностью Беттины: «Письма Беттины — [...] одна из самых любимых книг Рильке, как сама Беттина — одно из самых любимых, если не самое любимейшее из любимых им существ» [Азадовский 1992: 272].

Она понимала, что сам Рильке был как будто отражением личности Беттины, ощущая андрогинную природу его творческого дара: «Rilke war selbst Bettina, darum hat er sie nie gefunden» («Рильке сам был Беттиной, вот почему он не мог найти ее»)[54]. Понятие женственности у Рильке, наиболее полно выраженное в «Записках Мальте Лауридса Бригге» и так глубоко воспринятое Цветаевой, во многом раскрывает читателю эротический подтекст «Элегии Марине».

Но, как отмечено выше, в модернистской поэтике Рильке силы Эроса, цементирующие человеческие взаимоотношения, находятся в постоянной схватке с силами смерти. Эротический элемент в «Элегии Марине» находится в неотъемлемой связи со смертью. Нигде это столь не очевидно, как в строках о двух влюбленных и их могиле: «Liebende dürfen, Marina, dürfen soviel nicht / von dem Untergang wissen. Müssen wie neu sein» [Rilke 1996, 2: 406] («Этого знанья, Марина, не нужно влюбленным. / Пусть не знают заката»[55]). Таким образом, тема в духе «Liebestod» или «Todeserotik» — отражение общей культурной мифологии Европы 1920-х годов — пронизывает и мифологию «Marina Elegie». Хотя сначала лирический герой утверждает, что от юных любовников надо скрыть знание о ждущей их смерти, вскоре он переходит к размышлениям о хрупкости любви и неизбежной смерти влюбленных. Их ждет старый могильный склеп: «Erst ihr Grab ist

---

[54] Письмо к Нанни Вундерли-Фолькарт от 5 июня 1930 года [Asadowski 1992: 166].

[55] Перевод В. Микушевича. «Элегия» в [Рильке 1971: 354–356].

alt, erst ihr Grab besinnt sich,verdunkelt / unter dem schluchzenden Baum, besinnt sich auf Jeher» [Rilke 1996, 2: 406] («Уразуменье положено старой могиле влюбленных, / сумрак под плачущим деревом в кои-то веки» [Рильке 1971: 356]).

Уязвимость и хрупкость существования влюбленных — традиционная тема литературы, берущая начало в мифе об Орфее и Эвридике. В «Элегии Марине» образ возлюбленной пары уподоблен хрупким прутьям, сгибающимся под могильной тяжестью: даже место их погребения не приносит покоя: «Erst ihr Grab bricht ein; sie selber sind biegsam wie Ruten» [Rilke 1996, 2: 406] («Рушится только могила. / Их сверх меры сгибая, пышный плетется венок») [Рильке 1971: 356]). Элегия полна метафор упадка культуры, образов сродни Содому и Гоморре, начиная от подземных богов, купающихся в лести, до людских тел: «Неохочее тело — сплошные глаза / Под бесчисленными ресницами». Изображения предметов и людей здесь куда мрачнее, чем богов:

Dieses leise Geschäft, wo es der Unsrigen einer
nicht mehr erträgt und sich zum Zugriff entschliesst,

rächt sich und tötet. Denn dass es tödliche Macht hat,
merkten wir alle an seiner Verhaltung und Zartheit
und an der seltsamen Kraft, die uns aus Lebenden
zu Überlebenden macht. Nicht-Sein. Weisst du's, wie oft
trug uns ein blinder Befehl durch den eisigen Vorraum

neuer Geburt [...] Trug: uns? Einen Körper aus Augen
unter zahllosen Lidern sich weigernd. Trug das in uns
niedergeworfene Herz eines ganzen Geschlechts. An ein Zugvogelziel
trug er die Gruppe, das Bild unserer schwebenden
Wandlung [Rilke1996, 2: 405–406].

Так и мы нашей мнимою нежностью трогаем то и другое.
Ах, как восхищены мы! Как, Марина, рассеяны мы
И при сокровеннейшем поводе! Метчики мы, да и только.
Тихое это занятье, когда его не переносит
Ближний какой-нибудь наш и решается нечто схватить,
Мстит за себя, убивая. Смерть у него в подчиненьи,
Об этом свидетельствует его осторожная нежность
И странная сила, которая нас

Из живых пережившими делает Небытие.
Знаешь, как часто в преддверии новых рождений
Нас влекло повеленье слепое?
Нас — влекло? Неохочее тело — сплошные глаза
Под бесчисленными ресницами. Общее сердце,
Запавшее в нас. Перелётные птицы —
Образ парящего нашего преображения
[Рильке 1971: 355–356].

Когда Рильке пишет о существовании в мире небытия, он имеет в виду всеобщую дегуманизацию, которая оставляет поэту только мир воображения. В этом отношении «Nicht-Sein» Рильке напоминает о словах Цветаевой в «Попытке комнаты»: «Над ничем двух тел».

Также в приведенном выше отрывке Рильке спрашивает Цветаеву, знает ли она, как часто слепой приказ руководит нами с момента рождения. На общем уровне такое подчинение внешней воле несет последствия трагические, но на уровне бытия поэта оно означает верность своему поэтическому призванию. Цветаева считала поэзию единственной силой, ведущей ее по жизни. И тут мы вновь видим, что Рильке разделяет цветаевское понимание сути существования поэта. Это существование («dieses leise Geschäft») содержит в себе семена саморазрушения. Цветаева отлично это понимала, когда писала: «И вы от стиха до стиха умираете»[56]. Другими словами, поэтический гений должен найти возможность выжить, обратить простых смертных в выживших («Überlebende»). Но выживание имеет свою цену: поэт становится в один ряд с безликим страдающим человечеством, «сплошные глаза / Под бесчисленными ресницами» [Рильке 1971: 355]. Эта метафора намекает на всеобщую бренность, что типично для литературы модернизма, в том числе поэзии[57]. Пустота

---

[56] Письмо от 11 февраля 1923 года [Коркина, Шевеленко 2004].

[57] Метафора, связанная с ресницами, также присутствует в знаменитой автоэпитафии Рильке, сочиненной им в предчувствии собственной смерти: «Rose, oh reiner Widerspruch, Lust, Niemandes Schlaf zu sein unter soviel Lidern». «Роза, о чистое противоречие — жажда свободного сна под столькими глазными веками» (перевод Ольги Заславской).

и бесцельность человеческого существования были одной из главных тем европейской литературы как довоенного, так и следующего за Первой мировой войной десятилетия. Строки Рильке напоминают о Метерлинке, Бодлере, Т. С. Элиоте, Селине, Кафке и других авторах этого времени. Описания ужаса человеческого существования особенно ярко отображены в изобразительном искусстве экспрессионизма, а также в поэзии экспрессионизма, течении, популярном в межвоенной Германии 1920-х годов, времени создания «Элегии Марине». В восприятие поэта-модерниста была встроена идея конца истории: «Личности нечего ждать от истории — история по определению есть опровержение его ожиданий» [Davies 1990: 195]. Поскольку от течения времени нет смысла ждать прогресса или награды, поэт-модернист создает собственный миф, чтобы преобразовать «потерю смыслов» в «новую спасительную символическую и психологическую реальность» [Davies 1990: 195]. Психологическое состояние самого поэта отражает непрерывное беспокойство о его положении в истории[58]. Это беспокойство явно слышно в последних строках элегии: «niemand verhülfe uns je wieder zum Vollsein, als der / einsame eigene Gang über der schlaflosen Landschaft» [Rilke 1996, 2: 406] («Цельности нам на ущербе ничто не вернет, — /Лишь собственный путь одинокий в ночи над бессонным пейзажем» [Рильке 1971: 356]). Попытка лирического героя противостоять «инстинкту смерти» приводит к интернализации его опыта и культивированию языка отрицания.

В течение жизни Рильке подчеркивал в письмах, очерках, стихах и романе «Записки Мальте Лауридса Бригге», что поэт должен отказаться от любого земного союза и оставаться одиноким и самодостаточным, чтобы иметь возможность творить, каким болезненным бы ни было это одиночество. Последние строки его «Элегии Марине» подтверждают это кредо. Элегия действует на читателя в стиле диминуэндо, постепенного убывания накала: от экстатического начала к приглушенному и почти пугающему концу. Зловещий эффект концовки создается в оригинале с помо-

---

[58] Здесь М. Дэвис ссылается на [Foucault 1969: 21–22].

щью повторяющихся шипящих «sch» в сочетании «schlaflose Landschaft» («бессонная земля»). В исследовании 1979 года под названием «Аллегории чтения» Поль де Ман практически обвиняет Рильке в предательстве своего читателя[59]. Он утверждает, что, хотя на поверхности стихи Рильке как будто содержат некое мессианское обещание правды, это обещание оборачивается ложью, заменяемой риторическими и звуковыми аспектами языка [De Man 1979: 31]. Действительно, гармония с другим поэтом и природой, описываемая в начале «Элегии Марине», сменяется беспокойным, бессонным одиночеством. Здесь Рильке обращается к образу Орфея из своей ранней поэзии, Орфея, который оглянулся на Эвридику, поднимающуюся из Аида, и был за нарушение обета приговорен к одиноким скитаниям.

Цветаеву и Рильке в их поэтическом диалоге объединяет ощущение опасности положения современного поэта. Однако поэтика Рильке отличается от поэтики Цветаевой и Пастернака культурным пессимизмом, выраженным в «Элегии». Соответственно ролевому сознанию поэтов «умирающего века», Цветаева и Пастернак видели себя в роли представителей, миссионеров и, возможно, спасителей умирающей эпохи. Напротив, у Рильке, говоря словами Роберта Фроста, «нет обещаний», которые он должен сдержать перед своим «идеальным читателем»[60].

---

[59] См. [De Man 1979: 31]. В свете некоторых сомнений относительно П. де Мана как человека и ученого, эту его сентенцию можно практически отнести к самому де Ману. См.: P. Brooks. The Weird Case of Paul De Man // NYRB. Vol. 61. № 6. 2014.

[60] Я благодарю А. Смит, напомнившую мне на конференции несколько лет назад определение «идеальный читатель» (определение Бродского [Бродский 1997: 82]) для роли Цветаевой и Пастернака по отношению к Рильке. Вместе с К. Чипела А. Смит отредактировала сборник эссе о Цветаевой, в который они включают обзор современных научных интерпретаций ее произведений [Ciepiela 2013: 493–496]. Также в этом контексте интересны рассуждения Набокова об «образцовом» или «хорошем читателе»; В. Набоков выделял читателей, обладающих особым литературным чутьем, отмечая любовь дореволюционного русского читателя к своей литературе, а также к другим европейским литературам. (См. лекцию Набокова «Писатели, цензура и читатели в России» [Набоков 1996: 26].)

Глава 4

Пастернак и Рильке. «Охранная грамота»

«Так это не второе рожденье, так это смерть?» — спрашивает Пастернак в «Охранной грамоте» под впечатлением от смерти Рильке и самоубийства Маяковского [Пастернак 2004, 3: 232]. Эта «полуфилософская биографического содержания вещь»[1] — вклад Пастернака в удивительный трехсторонний литературный обмен между Цветаевой, Пастернаком и Рильке на тему смысла существования поэта. Вердикт Пастернака о судьбах поэзии в конце 1920-х годов становится страшным ответом на цветаевский ликующий полет воображения. В то же время как оригинальное название, так и общепринятые варианты его перевода — «Охранная грамота» — словно намекают на попытку автора сберечь и свои воспоминания, и образы тех, кто повлиял на его становление как поэта. В таком случае Пастернак становится как бы хроникером «горящей» и «выжженной» эпохи конца 1920-х.

«Охранная грамота» появлялась на свет постепенно. Пастернак начал работать над ней в 1927 году, но завершил только в 1930-м. Вот как он сам описывает рождение этого произведения:

> В феврале 1926 года я узнал, что величайший немецкий поэт и мой любимый учитель Райнер Мария Рильке знает о моем существовании, и это дало мне повод написать ему, чем я ему обязан. В те же приблизительно дни мне попалась

---

[1] «Писатели о себе», 1929 год [Пастернак 2004, 5: 223].

в руки «Поэма конца» Марины Цветаевой [...] Я обещал
себе по окончании «Лейтенанта Шмидта» свидание с немецким поэтом [...] Однако мечте не суждено было сбыться, —
он скончался в декабре того же года [...] Тогда ближайшей
моей заботой стало рассказать об этом удивительном лирике [...] Между тем под руками, в последовательном исполне-
нии, задуманная статья превратилась у меня в автобиогра-
фические отрывки о том, как складывались мои представления об искусстве [...][2]

Как и в случае с произведениями Цветаевой — «Новогодним»
и «Твоей смертью», — первоначальным импульсом для создания
«Охранной грамоты» стала смерть Рильке. Но по мере работы
над очерком тема Рильке вплеталась в общую картину, включаю-
щую полемику Пастернака с Маяковским и его волнения по поводу судьбы русской поэзии.

«Охранная грамота» — прозаическое произведение, представ-
ляющее, по словам Л. Флейшмана, сочетание нарративных
жанров — автобиографии, фельетона и очерка [Флейшман 1981:
177][3]. Книга состоит из трех частей, в каждой из которых несколько разделов. Марбургскому и в особенности венецианскому
разделу второй части присущи черты травелога. Помимо того,
что на написание очерка Пастернака вдохновила личность Рильке, на первый взгляд, мало что объединяет «Охранную грамоту»
стилистически и тематически с поэтическими проводами Рильке — поэмой «Новогоднее» или прозаической медитацией на
смерть Рильке — «Твоя смерть». Однако при более близком
знакомстве становится очевидным, что этот очерк, как и два
вышеупомянутых произведения Цветаевой, отражает поэтику
«умирающего века». Центральными в «Охранной грамоте» ока-
зываются темы смерти поэта и его последующей «сакрализа-
ции», — ровно как и тема его будущей безвестности. Мы видим

---

[2]   «Советские писатели о писателях и читателях» (1928 год) [Пастернак 2004,
       5: 219–220].

[3]   Флейшман считает, что произведение основано «на полемическом смещении
       жанровых границ» [Флейшман 1981: 185].

продолжающийся диалог с Цветаевой на символическом, иносказательном и эмпатическом уровнях. Символически он проявляется в первой части через образ Рильке, объединяющий двух поэтов. На уровне метафорическом он проявляется в «притче» «Гений и красавица», которую Пастернак вставил в произведение, чтобы обозначить свое видение идеального воображаемого союза двух поэтических душ. Наконец, на уровне эмпатическом образ Цветаевой проявляется через образ Маяковского, поэта харизматического, сравнимого с ней по темпераменту. Этот многослойный образ невольно приобретает еще один контекст, иронический, имея в виду трагический конец обоих, и Маяковского, и Цветаевой. Когда в 1930 году, вскоре после гибели Маяковского, Пастернак закончил «Охранную грамоту», до самоубийства Цветаевой оставалось более десятилетия. Но после ее самоубийства произведение Пастернака в защиту исчезающей культуры поэтического бытия обрело дополнительное визионерское измерение.

Если «обожествление» жизни поэта в эпоху «умирающего века» является главной темой «Новогоднего» и «Твоей смерти», то же самое верно по отношению к образу Рильке в первых двух частях «Охранной грамоты», где он, подобно вездесущему духу, оказывается необходимым элементом эмоционального и интеллектуального мира рассказчика. Мотивы смерти, возрождения и свойственного поэту превосходства присутствуют в «Охранной грамоте», но, в отличие от харизматической лирической героини «Новогоднего», рассказчик Пастернака, как и в поэзии, адресованной Цветаевой, остается «метонимическим героем» [Aucouturier 1970: 224][4].

Пастернаковский Рильке тематически связан с образом Рильке у Цветаевой — он служит как бы отправной точкой для рождения поэтического произведения. Это особенно очевидно в первой части «Охранной грамоты» и в «венецианских» эпизодах второй части. В третьей части продолжается воображаемый диалог с Рильке, но его образ замещается образом Маяковского,

---

[4] См. первую главу данной работы.

и далее дискурс изменяется из-за неожиданного появления образа Пушкина, основополагающего, парадигматического поэта в русской литературной культуре и жизни. Поскольку гибель Маяковского воспринималась многими как символ поэтического кризиса эпохи, сравнение ее со смертью Пушкина становилось практически неизбежным [Gasparov 1992: 1–16]. Смещение поэтической парадигмы в завершающей части «Охранной грамоты» представляет первый шаг к своего рода «обрусению» Рильке (и «универсализации» Маяковского). В то время как у Цветаевой Рильке с самого начала получает статус «праведника, певца и мертвого», у Пастернака распространение мифологии «парадигматического» поэта на Маяковского и отсылка к пушкинскому мифу (с его особой значимостью для литераторов Серебряного века) как бы вписывает миф о Рильке в более общий и многоплановый поэтический миф.

Таким образом, главных героев «Охранной грамоты» — Рильке, рассказчика и культового поэта Маяковского — можно рассматривать относительно их ролей в создаваемой Пастернаком поэтике. Из троих Рильке выполняет функцию мистическую и во многом символическую: его образ возникает в начале произведения, когда рассказчик вспоминает свою детскую встречу с Рильке в поезде. С самого начала Рильке выглядит не совсем реальным — некой тенью среди живых; мальчик не понимает его, несмотря на прекрасное владение немецким: «Хотя я знаю этот язык в совершенстве, но таким его никогда не слыхал. Поэтому тут, на людном перроне, между двух звонков, этот иностранец кажется мне силуэтом среди тел, вымыслом в гуще невымышленности»[5].

Молодого незнакомца сопровождает более солидная дама (Лу Андреас Саломе). Пара обсуждает планы посетить Толстого в Ясной Поляне. В воображении мальчика образ таинственного иностранца немедленно сливается с образом Толстого, знакомого по наброскам отца, художника Л. Пастернака, и других художников. Затем Толстого сменяет, в свою очередь, образ Н. Н. Ге, еще одного русского живописца, чья внешность лучше запечат-

---

[5]   «Охранная грамота» [Пастернак 2004, 3: 148].

лелась в памяти ребенка. Тем временем иностранцы переходят из вагона мальчика в свой и вскоре покидают поезд. Взрослый рассказчик ретроспективно замечает: «лицо и происшествие забываются, и, как можно предположить, навсегда» [Пастернак 2004, 5: 148].

И все же неизбежным образом позабытый таинственный незнакомец появляется вновь, пусть и переменившимся до неузнаваемости, во время пребывания рассказчика в Венеции, описанном во второй части «Охранной грамоты». Как отмечает Е. Фарыно, в «венецианских» эпизодах присутствует дух Рильке, сначала в виде итальянской пары, затем в фигуре лакея [Фарыно 1989: 244][6]:

> Мне бросилась в глаза одна пара. [...] Сперва меня привлекла спокойная осанка лакея, его стриженая проседь, серый цвет его куртки. В них было что-то неитальянское. От них веяло севером. Затем я увидал его лицо. Оно показалось мне когда-то уже увиденным, и только я не мог вспомнить, где это было [Пастернак 2004, 3: 199].

На первый взгляд северный узнаваемый облик этой пары и серая куртка незнакомца не навевают ассоциаций с Рильке в тирольском плаще. И все же между этими двумя фигурами существует некая противоречивая связь, усиливаемая отрицанием: каждый из упоминаемых рассказчиком атрибутов Рильке обнаруживается в своей противоположности. В то время как Рильке из детских воспоминаний рассказчика предстает как «вымысел в гуще невымышленности», незнакомец из второй части выглядит почему-то знакомым. Рильке помнится говорящим по-немецки, но речь его остается в памяти мальчика неразборчивой. В Венеции же рассказчик говорит с незнакомцем на беспомощном книжном итальянском: «[...] я выложил ему свою заботу о пристанище на несуществующем наречьи, сложившемся у меня после былых попыток почитать Данте в оригинале» [Пастернак 2004, 3: 199].

---

[6]   В этом очерке Е. Фарыно подробно анализирует образы поэтики Пастернака, связанные с Рильке.

И тут, словно Вергилий из «Божественной комедии», незнакомец ведет рассказчика через город по «преисподней» узких, черных как деготь каменных коридоров к «небесам» Млечного Пути, плывущих словно пыль одуванчиков над головой рассказчика:

> Мы шли по каменным переулочкам не шире квартирных коридоров. [...] Точно по всему Млечному Пути тянул пух семенившегося одуванчика [...] И, удивляясь странной знакомости своего спутника, я беседовал с ним на несуществующем наречьи и переваливался из дегтя в пух, из пуха в деготь, ища с его помощью наидешевейшего ночлега [Пастернак 2004, 3: 200].

Затем неизвестный, но кажущийся знакомым «Вергилий» ведет рассказчика к любезному трактирщику: «Ну-с, дружище, — громко, как глухому, прорычал мне хозяин, крепкий старик лет шестидесяти в расстегнутой грязной рубахе, — я вас устрою как родного» [Пастернак 2004, 3: 201].

Фигура трактирщика в расстегнутой рубахе также напоминает о Рильке в незастегнутом плаще — «в тирольской разлетайке» [Пастернак 2004, 3: 148]. Хотя, в отличие от Рильке, у него грубый голос и манеры, его необыкновенность тут же подтверждается тарелкой подкрепляющей телятины, которую он предлагает усталому рассказчику: «Уплетая телятину, я уже раз или два обратил внимание на странные исчезновенья и возвращенья на тарелку ее влажно-розовых ломтей. Видимо, я впадал в дремоту. У меня слипались веки» [Пастернак 2004, 3: 202][7].

Фокусы с таинственным исчезновением и появлением таких осязаемых ломтей телятины наделяют трактирщика важной семиотической функцией: пища означает присутствие божественного начала, как в литературе Возрождения [Фарыно 1989: 244]. Так рассказчик добивается крова и пищи в присутствии «духа» Рильке.

Еще одно присутствие Рильке в «Охранной грамоте» выражается в неявной отсылке к мифическим близнецам Кастору

---

[7] См. [Фарыно 1989]; о символизме еды в литературе см. в [Бахтин 1986: 415].

и Полидевку (Поллуксу — лат.). Как считали и Цветаева, и Пастернак, «священная и мирская» природа Рильке связывала его с мифом о бессмертно-смертных близнецах, который уже вспоминала Цветаева в «Новогоднем». В прозе Пастернака этот миф обретает символические черты: примечательно, например, что в Венеции рассказчик планирует остановиться поблизости от палаццо Академия, отсылая тем самым к мифу об афинском герое Академосе, открывшем Кастору и Полидевку местонахождение их похищенной сестры Елены [Фарыно 1989: 60].

Сочетание мистических и мифических мотивов в разнообразных появлениях Рильке в «Охранной грамоте» поддерживает ощущение атмосферы духовного начала, как и в «Новогоднем». Как тонко подмечает Е. Фарыно, «[...] у Пастернака и Цветаевой, Рильке (отводится роль) "поэта-Бога", а точнее — "поэта-Духа"» [Пастернак 2004, 5: 202]. Но «сакрализованный» образ Рильке присутствует только в первых двух частях произведения, а в третьей, завершающей, диалог с Рильке служит мостом к размышлениям Пастернака об экзистенциальной угрозе русской литературе и жизни поэтов в Советской России. Миф о Рильке трансформируется, и некоторые мотивы из «Записок Мальте Лауридса Бригге» используются в рассуждениях рассказчика о Маяковском и о пушкинском мифе. Однако до того, как рассмотреть эту поэтическую метаморфозу образа Рильке, нужно обратиться к фигуре рассказчика, объединяющей в своем видении компоненты поэтического мифа.

В первых двух частях «Охранной грамоты» различные воплощения Рильке сопровождают путь рассказчика к его поэтическому призванию, включая неудачные попытки стать композитором, а затем философом. Только потерпев неудачу в этих творческих начинаниях — путем духовной смерти в терминологии «умирающего века», — рассказчик достигает своего возрождения в качестве поэта[8].

---

[8] О мотиве смерти и возрождения см. в работе Ольги Раевской-Хьюз «О самоубийстве Маяковского в "Охранной грамоте" Пастернака» в [Fleishman 1989: 141–152].

Путь рассказчика к самопознанию начинается в десятилетнем возрасте, когда он становится свидетелем появления Рильке, таинственного незнакомца в поезде. Последующее исчезновение Рильке из рассказа не является вполне окончательным, как свидетельствуют различные метафорические воплощения немецкого поэта; в дальнейшем влияние Рильке отвечает за поэтические предпочтения юного рассказчика [Пастернак 2004, 3: 157] и становится источником огромного поэтического и эмоционального вдохновения:

> И опять, как не раз уже и раньше, сборник «Mir zur Feier» очутился у меня в руках в труднейшую мою пору и ушел по слякоти [...] в отсырелое сплетенье старины, наследственности молодых обещаний, чтобы [...] вернуться домой с новой дружбой, то есть с чутьем еще на одну дверь в городе, где их было тогда еще немного [Пастернак 2004, 3: 157].

Эти строчки отсылают к еще одному подростковому воспоминанию рассказчика — обнаружению им томика стихов Рильке на пыльной полке в родительском доме. Открытие забытого томика стихов производит неизгладимое впечатление — в имени поэта рассказчик вдруг узнает таинственного незнакомца своего детства:

> Прошло много времени, и я успел полюбить книгу, как вскоре и другую, присоединившуюся к ней и надписанную отцу тою же рукою. Но еще больше времени прошло, пока я однажды понял, что их автор, Райнер Мария Рильке, должен быть тем самым немцем, которого давно как-то, летом, мы оставили в пути на вертящемся отрыве забытого лесного полустанка. Я побежал к отцу проверять догадку, и он ее подтвердил, недоумевая, почему это так могло меня взволновать [Пастернак 2004, 3: 157].

По мнению рассказчика, невидимое присутствие Рильке на ключевых этапах его «детства, отрочества и юности» и собственная чрезмерная реакция на жизненные совпадения во многом привели к появлению «Охранной грамоты». «Я не дарю своих воспоминаний памяти Рильке, — признается рассказчик, — наоборот, я сам получил их от него в подарок» [Пастернак 2004, 3: 158]. Рильке для автора — источник творчества, вызывающий к жизни редкий дар нового искусства. Это приближает его к другой его обожаемой современнице, Цветаевой. Для обоих Рильке озвучивает «отголоски бессмертия», дарованные поэзии и поэтам. В «Охранной грамоте» эти отголоски впервые звучат на пути рассказчика, проходящего через «духовную смерть» к возрождению в поэзии, и затем в его размышлениях о природе искусства, наряду с воспоминаниями о поездке в Венецию. Здесь стоит проследить его тернистый путь к поэтическому призванию, который он проходит «в тени» Рильке. Первая такая «духовная смерть» происходит с рассказчиком после его встречи с композитором Скрябиным, ставшим для него первой вехой на пути к открытию себя. Тринадцатилетнего рассказчика, мечтающего стать композитором, представляют Скрябину, и эта судьбоносная встреча заставляет его оставить мысли о композиции, несмотря на поощрительную реакцию Скрябина. Подросток еще не знает, что в этом решении есть самоубийственный элемент, что он расстается с частью себя: «Совершенно без моего ведома во мне таял и надламывался мир, еще накануне казавшийся мне навсегда прирожденным» [Пастернак 2004, 3: 156]. Но позднее, уже будучи взрослым, он полностью осознает важность своего отроческого поступка и говорит о нем в терминах древнегреческого отношения к подобному смерти очистительному опыту:

> В возрастах отлично разбиралась Греция, она остерегалась их смешивать. Она умела мыслить детство замкнуто и самостоятельно, как заглавное интеграционное ядро [...] Те же воззрения вошли в ее понятие о полубоге и герое. Какая-то доля риска и трагизма, по ее мысли, должна быть собрана достаточно рано в наглядную, мгновенно обозримую горсть. Какие-то части зданья, и среди них основная арка, должны быть заложены разом, с самого начала, в интересах его будущей соразмерности. И, наконец, в каком-то запоминающемся подобии, быть может, должна быть пережита и смерть [Пастернак 2004, 3: 156].

Экстернализация и мифологизация смерти здесь очень напоминает поэтику «умирающего века», рассмотренную выше в главе о Цветаевой и Рильке. Необходимость пережить опыт смерти и попыток самоубийства утверждалась предшественниками Пастернака, символистами. Самыми известными пропагандистами этой идеи были члены треугольника Брюсов — Петровская — Белый, в котором Брюсов и Петровская дали клятву однажды вместе покончить жизнь самоубийством [Grossman 1985: 264–297]. В «Новогоднем» также слышны отголоски подобной эстетики. Там мифологизация смерти звучит в экстатическом ключе — смерть сравнивается с переизбытком жизни[9]. Герой «Охранной грамоты» в первой части произведения также проходит через подобный момент катарсиса, близкий к «духовной смерти», понимаемой как творческий крах. «Что-то подымалось во мне. Что-то рвалось и освобождалось» [Пастернак 2004, 3: 155]. Неудача на композиторском поприще открывает дорогу новым началам.

Дальнейший путь рассказчика в первой части «Охранной грамоты» проходит под знаком «возвращения», возрождения из состояния упадка. Показательно в этом смысле описание застойной, но при этом полной скрытой энергии московской жизни. Так, упадком веет от московского «серо-зеленого заплеванного университета» [Пастернак 2004, 3: 161], в котором рассказчик дает уроки группе студентов старше себя, чтобы помочь им «сдвинуться с мертвой точки, к которой собиралась пригвоздить их жизнь» [Пастернак 2004, 3: 161]. Но серый город не только наводит на него «лихорадку», но становится для него и источником энергии, взывая к новому гению, Бальзаку, способному его описать:

> За этими побывками в городе, куда я ежедневно попадал точно из другого, у меня неизменно учащалось сердцебиенье. [...] Эту странную испарину вызывала упрямая аляповатость этих миров, их отечная, ничем изнутри в свою

---

[9] Это выражение использует С. Бойм, см. [Boym 1991: 221].

пользу не издержанная наглядность. Они жили и двигались, точно позируя. Объединяя их в какое-то поселенье, среди них мысленно высилась антенна повальной предопределенности. Лихорадка нападала именно у основанья этого воображаемого шеста. Ее порождали токи, которые эта мачта посылала на противоположный полюс. Собеседуя с далекой мачтой гениальности, она вызывала из ее краев в свой поселок какого-то нового Бальзака [Пастернак 2004, 3: 161].

Амбивалентность, «двуслойность» «Охранной грамоты» отмечают многие исследователи творчества Пастернака [Флейшман 1981: 190; Aucouturier 1979: 344]. Она действительно прослеживается почти в каждом образе или мотиве. Так, отмечает Л. Флейшман, фигура Самарина, харизматического лектора, которым, очевидно, восхищается рассказчик, по напористой манере речи напоминает о Ленине и разрушительной роли его гения в истории [Флейшман 1981: 230]. Речь Самарина отличает тот же дефект, что и у Ленина — картавость: «Он [...] говорил прирожденно громко, выдерживая голос на той ровной, всегда одной, с детства до могилы усвоенной ноте, которая не знает шепота и крика и вместе с округлой картавостью, от нее неотделимой, всегда разом выдает породу» [Пастернак 2004, 3: 165].

При этом, поскольку все аллюзии и отсылки к разрушению в первых двух частях «Охранной грамоты» обычно связаны с идеей обновления, также и здесь «разрушительная» фигура Самарина связана с образом главного героя толстовского «Воскресения» Нехлюдова. В этом ключе «обновления» завершаются воспоминания рассказчика о Самарине: «Потеряв его впоследствии из виду, я невольно вспомнил о нем, когда, перечитывая Толстого, вновь столкнулся с ним в Нехлюдове» [Пастернак 2004, 3: 165].

Во второй части двойственный мотив «разрушения — обновления» становится центральным в рассказе о несчастной любви героя. Рассказчик, на тот момент уже студент философии в старинном немецком городе Марбург, влюблен в свою соотечественницу, молодую женщину из богатой семьи, которая проводит в этом городке каникулы. После того как она отвергает его лю-

бовное признание, рассказчик испытывает бурю противоречивых
эмоций — от душевных страданий до экстаза:

> Хотя за объяснениями с В-й не произошло ничего такого,
> что изменяло бы мое положение, они сопровождались не-
> ожиданностями, похожими на счастье. Я приходил в отча-
> янье, она меня утешала. Но одно ее прикосновенье было
> таким благом, что смывало волной ликованья отчетливую
> горечь услышанного и не подлежащего отмене [Пастернак
> 2004, 3: 185].

Этот экстаз, «ликованье» от неудавшейся попытки обрести
истинную любовь в точности напоминают радость и чувство
освобождения после того, как рассказчик расстается с мечтой
стать композитором. В обоих случаях неудача рождает «ликованье», и в момент психологического катарсиса — еще один миг
«духовной смерти» — герой испытывает предчувствие нового
начала. И его ощущения действительно оправдываются, ведь
только после этого уничтожающего опыта он в конце концов
узнает о своем настоящем призвании — служить поэзии. Это
«ликованье» приводит его к расставанию с очередным «ложным»
направлением, намерением — изучать философию, что первоначально привело его в Марбург: ведь «всякая любовь есть переход
в новую веру» [Пастернак 2004, 3: 184]. И вот он счастливо восклицает: «Конец, конец! Конец философии, то есть какой бы то
ни было мысли о ней» [Пастернак 2004, 3: 184]. Если раньше
эйфория была психологическим состоянием рассказчика после
его неудач в поисках призвания, сейчас определенность конца,
повторенная три раза, есть радостное подтверждение его реше-
ния. Метонимическая связь между «ликованьем» и «концом»
воспроизводит мифологический мотив «вечного возвращения»
культуры конца века, объединяющий Пастернака с Цветаевой
в их обращении к Рильке.

Далее в той же второй части «Охранной грамоты» мотив
«вечного возвращения» символически преломляется во фраг-
ментах, описывающих путешествие автора в Венецию, где он
встречается с великим искусством итальянского Возрождения.

Освещенные этой философией «вечного возвращения», вдохновленные Венецией размышления об искусстве составляют еще один завет поэтики «умирающего века», обобщающий понятия протяженности и вечности искусства и культуры, присущие Пастернаку и его современникам. В то же время описания деспотического правления венецианских дожей, которое сделало возможным художественные достижения Ренессанса, предвосхищают московские главы последней, третьей части, передающей новость о самоубийстве Маяковского.

В венецианских главках второй части также бросается в глаза «окружной» путь рассказчика по Венеции навстречу ко многим волнующим открытиям, которые заставят его говорить о бессмертии великого искусства и художественного гения. В соответствии с поэтикой «умирающего века», а также предыдущим биографическим опытом рассказчика, сначала его встречают смерть и запустение, чтобы потом перерасти в рассуждения о величии искусства Ренессанса:

> Когда я вышел из вокзального зданья с провинциальным навесом в каком-то акцизно-таможенном стиле, что-то плавное тихо скользнуло мне под ноги. Что-то злокачественно темное, как помои, и тронутое двумя-тремя блестками звезд. Оно почти неразличимо опускалось и подымалось и было похоже на почерневшую от времени живопись в качающейся раме. Я не сразу понял, что это изображенье Венеции и есть Венеция [Пастернак 2004, 3: 198].

На первый взгляд это предельно графическое изображение темной, гниющей, архаичной Венеции вызывает отвращение. Но более пристальное всматривание обнаруживает, что Пастернак использует нечистоты в первоначальном смысле, присущем литературе Возрождения, в которой образ нечистот есть неотъемлемая часть жизни и ее воспроизводства. Е. Фарыно замечает, что «"нечистотам" положен у Пастернака едва ли не наивысший семиотический статус [...]» [Фарыно 1989: 55]. Через этот образ он «карнавализирует» Венецию в бахтинском смысле [Бахтин 1986: 315]. Вскоре, однако, темное видение Венеции сменяется

ярким видением рождественского волшебства в одном вырази-
тельном и с графической, и со звуковой точек зрения образе:

> Есть особый елочный восток, восток прерафаэлитов. Есть
> представленье о звездной ночи по легенде о поклоненьи
> волхвов. Есть извечный рождественский рельеф: забрыз-
> ганная синим парафином поверхность золоченого грецкого
> ореха. Есть слова: халва и Халдея, маги и магний, Индия
> и индиго. К ним надо отнести и колорит ночной Венеции
> и ее водных отражений [Пастернак 2004, 3: 198].

Контраст между Венецией нечистот и Венецией вечного рождественского пейзажа выявляет особую черту поэтики Пастернака — его интерес к созданию множества значений относительно одного и того же предмета[10]. На уровне семантическом рожде-
ственская атрибутика, предваряемая описанием помоев
в цитируемых выше отрывках, говорит о двойственной сути
этого города, усиливая дихотомию «преисподней» узких мощеных
коридоров-улиц и «небес» Млечного Пути над головой. Двойственность значения слова «представленье» в «рождественском»
отрывке, помимо его контекстуального значения, ассоциируется
одновременно и с театром, и с иллюзиями. Город в представлении
рассказчика выглядит «нереальным», он состоит из нагроможде-
ния декораций. Е. Фарыно подчеркивает, что использование
парономазии в выше цитируемом пассаже — «халва и Халдея,
маги и магний, Индия и индиго», — создает сочетание экзотики,
волшебства, христианских преданий и оккультных ритуалов на
уровне языка и его звучания, где вспышка индиго в финале напоминает истинный цвет «звездной ночи» Венеции [Пастернак
2004, 3: 198; Фарыно 1989: 73, 255][11]. Если бы не сложный комплекс
порождаемых значений, внезапное вторжение этих паронимиче-
ских сочетаний во внутренний монолог рассказчика может показаться детским лепетом, но семантика этих многочисленных

---

[10] См. [Жолковский 1974: 25–26].

[11] Е. Фарыно подчеркивает прямые отсылки к Рождеству и Пасхе в этих парных
      сочетаниях.

переплетенных между собой образов вновь говорит нам об атмосфере возрождения. Также полифония этого «лепета» готовит почву для утверждения рассказчика, что язык великих художников — «громоподобный и младенческий язык» [Пастернак 2004, 3: 208]. То же слияние упадка и возрождения повторяется в новом образе, открывающемся автору за проплывающей гондолой: «За ней осталась темная расселина, полная дохлых крыс и пляшущих арбузных корок» [Пастернак 2004, 3: 199]. Любопытно, что здесь животворный, созидательный аспект, присущий образу отбросов в поэтике Пастернака, усиливается женственным обликом гондолы, для автора знаменующим величие и совершенство: «Она была по-женски огромна, как огромно все, что совершенно по форме и несоизмеримо с местом, занимаемым телом в пространстве» [Пастернак 2004, 3: 199][12].

Таким образом, на первый взгляд противоречащие друг другу идеи смерти и обновления многократно сливаются в единую концепцию «вечного возвращения». Вскоре незнакомец — вышеупомянутое воплощение Рильке — приводит рассказчика к пансиону на ночлег, и путешествие, пролегавшее по небу и земле, оканчивается в точке отправления:

> Указанный адрес возвращал к началу нашего странствия. Направляясь туда, мы проделали весь наш путь в обратном порядке. Так что когда провожатый водворил меня в одной из гостиниц близ Campo Morosini, у меня сложилось такое чувство, будто я только что пересек расстоянье, равное звездному небу Венеции, в направлении, встречном его движенью [Пастернак 2004, 3: 200–201].

Этот круговой маршрут подчеркивает идею ницшеанского «вечного возвращения», ощущение путешествия между небом и преисподней, идущее от восприятия рассказчиком Венеции — выгребной ямы и одновременно с этим источника рождественского волшебства. Семиотика возвращения также присуща

---

[12] О концепции женственности в произведениях Б. Пастернака см. в [Bodin 1990: 393].

поэтической вселенной, охватывающей пространства Аида и небесную высь, посреди которых Цветаева помещает себя и своего адресата Рильке в «Новогоднем». Точно так же, как ушедший Рильке ведет ее в этом стихотворении по небесному пути, Рильке Пастернака в «Охранной грамоте» направляет неуверенные шаги автора-рассказчика под звездным небом Венеции.

Если считать хозяина трактира, куда в конечном итоге прибывает «просвещенный» рассказчик, еще одним скрытым воплощением Рильке, тогда именно встреча с Рильке приводит рассказчика прямиком к открытию гения Возрождения. Так фигура парадигматического поэта служит прямым связующим между поэтикой «умирающего века» и поисками рассказчиком своего поэтического «я». Мысль, что художественное наследие способствует охране цивилизации — краеугольный камень мировоззрения современников Пастернака, возникшее в течение десятилетия, предшествовавшего появлению «Охранной грамоты» [Freidin 1987: 157–162]. Одним из наиболее преданных выразителей этого кредо был Осип Мандельштам. В очерке «Слово и культура», написанном в 1921 году, Мандельштам, живущий в ужасающих условиях военного коммунизма, выступает в защиту культуры и живого слова, описывая европейское культурное наследие в сакральных терминах:

> Да, старый мир — «не от мира сего», но он жив более, чем когда-либо. Культура стала церковью. [...] намечается и органический тип новых взаимоотношений, связывающих государство с культурой наподобие того, как удельные князья были связаны с монастырями [Мандельштам 1990, 2: 168–169].

Мандельштам также утверждает, что, в то время как молодое советское государство часто лишь «терпит» культуру, ее наследие — единственный надежный щит, хранящий государство против разрушительного действия времени: «Культурные ценности окрашивают государственность, сообщают ей цвет, форму и, если хотите, даже пол. Надписи на государственных зданиях, гробницах, воротах страхуют государство от разрушения времени» [Мандельштам 1990, 2: 169]. В «Охранной грамоте» способность высокой культуры выживать в эпоху исторических катаклизмов пронизывает повествование о Венеции. Особенно это заметно в будто бы случайных рассуждениях автора об этимологии слова «панталоны»:

> Любопытно происхождение слова «панталоны». Когда-то, до своего позднейшего значения штанов, оно означало лицо итальянской комедии. Но еще раньше, в первоначальном значеньи, «pianta leone» выражало идею венецианской победоносности и значило: водрузительница льва (на знамени), то есть, иными словами, — Венеция-завоевательница [Пастернак 2004, 3: 204].

И далее автор поясняет, как эмблема льва стала символизировать репрессивное государство, не только сосуществующее с искусством венецианского Возрождения, но и ставящее художественный гений на службу властям:

> Эмблема льва многоразлично фигурировала в Венеции. Так, и опускная щель для тайных доносов на лестнице цензоров, в соседстве с росписями Веронеза и Тинеторотто, была изваяна в виде львиной пасти. Известно, какой страх внушала эта «bocca di leone» современникам, и как мало-помалу стало признаком невоспитанности упоминание о лицах, загадочно провалившихся в прекрасно изваянную щель, в тех случаях, когда сама власть не выражала по этому поводу огорчения [Пастернак 2004, 3: 204].

Но с ходом истории тиранический режим себя изжил, сохранив при этом художественное наследие своей эпохи. Вторя Мандельштаму, рассказчик замечает: «Панталонные цели истлели, дворцы остались. И осталась живопись Венеции» [Пастернак 2004, 3: 205]. Рассказчик Пастернака идет далее, говоря, что личность гениального художника способна превратить гнетущую обстановку в момент вдохновения:

Кругом — львиные морды, всюду мерещащиеся, сующиеся во все интимности, все обнюхивающие львиные пасти, тайно сглатывающие у себя в берлоге за жизнью жизнь. [...] Это и есть та капля, которая переполняет чашу терпения гения. [...] Точно это пощечина, данная в его лице человечеству. И в его холсты входит буря, очищающая хаос мастерства определяющими ударами страсти. Надо видеть Микеланджело Венеции — Тинторетто, чтобы понять, что такое гений, то есть художник [Пастернак 2004, 3: 206].

Очевидно, что эта цитата относится и к существованию художника в тисках Советского государства, теме, которую Пастернак затрагивает в финальной части «Охранной грамоты», посвященной Маяковскому. Для нас также важно и обращение автора к образу художника-бунтаря, отражающее взгляды Пастернака на важность харизматической личности поэта для существования самой поэзии. В ответах на анкету «Ленинградской правды» в 1926 году он утверждает, что уничтожение «личности поэта» при новой системе ведет к уничтожению поэзии: «Разносящей средой звучания была личность. Старая личность разрушилась, новая не сформировалась. Без резонанса лирика немыслима» [Пастернак 2004, 5: 213]. Эту веру в силу поэтической личности можно проследить еще у романтиков, восторгающихся поэтическим гением, она представлена в русской классической литературной культуре парадигматической фигурой Пушкина и воплощена в поэтике «умирающего века» в третьей части «Охранной грамоты» в фигуре Маяковского. Здесь, в веницианских главках второй части «Охранной грамоты» взгляды Пастернака на биографию и творческое влияние художника выражены в восхищении рассказчика харизмой отдельных творцов Возрождения:

Я не знал, что его существо покоится в опыте реальной биографии, а не в символике, образно преломленной. Я не знал, что, в отличие от примитивов, его корни лежат в грубой непосредственности нравственного чутья. [...] Хотя все вспышки нравственного аффекта разыгрываются внутри культуры, бунтовщику всегда кажется, что его бунт прока-

тывается на улице, за ее оградой. Я не знал, что долговеч-
нейшие образы оставляет иконоборец в тех случаях, когда
он рождается не с пустыми руками [Пастернак 2004, 5: 207].

В этом отрывке можно увидеть призыв рассказчика к идеоло-
гической вовлеченности художника: в представлении М. Окутюрье здесь «гений восстает против торжества эстетики, во имя
попранной, или позабытой этики» [Aucouturier 1979: 343]. Но
возможен и противоположный взгляд, выражаемый, например,
Л. Флейшманом:

> «Нравственный бунт», апологией которому казались пред-
> шествующие высказывания «Охранной грамоты», оказыва-
> ется столь же таящим в себе угрозу культуре, насколько
> нестерпимыми рядом с «гением» выглядят идиллические
> «примитивы», лишенные «грубой непосредственности
> нравственного чутья» [Флейшман 1981: 265].

Этот аргумент подтверждается критикой мнимых борцов за
правду в представлении рассказчика: «Что делает честный человек, когда говорит *только* правду? За говореньем правды проходит время, этим временем жизнь уходит вперед. Его правда от-
стает, она обманывает. Так ли надо, чтобы всегда и везде говорил
человек?» [Пастернак 2004, 5: 178].

Флейшман интерпретирует это высказывание как критику
Пастернака в сторону идеологически правильной «литературы
факта» [Флейшман 1981: 186]. Но помимо этого «фактического»
значения, данный отрывок полемизирует с воображаемым собе-
седником по поводу языка поэзии. То, к чему призывает рассказчик — это свобода самовыражения художника. И стиль венецианских частей «Охранной грамоты» отражает его взгляд: он
приближается к своего рода доиндивидуальному трансцендент-
ному языку[13]. Нравственный бунт художника-бунтаря не относится к какой-то определенной идеологии; скорее, он отражает
непосредственное видение великого художника. То, как Пастер-

---

[13] О трансцендентном языке в поэтике Пастернака см. в [Фарыно 1989: 225].

нак воспринимает личное воздействие творца, впоследствии выраженное в образе Маяковского, здесь иллюстрирует гений Тинторетто, чье творчество характеризуется как пощечина, данная в его лице человечеству. Но это также и высказывание в сторону многих современников Пастернака, которые осмеливались творить вопреки «львиным мордам».

Венецианский раздел «Охранной грамоты» заканчивается «обещаниями бессмертия» искусства и художника. Рассказчик проводит последний вечер в Венеции на концерте, освещенном мириадами лампочек. Его живописное, прерафаэлитское описание Пьяцца Сан-Марко, где проходит концерт, объединяет христианство и дохристианские проявления западной культуры, такие как древнегреческая квадрига на соборе Сан-Марко: «На соборном притворе золотом играла четверка коней, вскачь примчавшихся из древней Греции и тут остановившихся, как на краю обрыва» [Пастернак 2004, 5: 208]. Эта мгновенно запечатленная вечность вдохновляет рассказчика, после нескольких «самоубийственных» перемен жизненного курса его истинное призвание может теперь проявиться в полную силу. Подобно Цветаевой в ее поэтическом обращении к Рильке, рассказчик ищет вдохновения в запредельном мире:

В стихах я дважды пробовал выразить ощущение, навсегда связавшееся у меня с Венецией. Ночью перед отъездом я проснулся в гостинице от гитарного арпеджио, оборвавшегося в момент пробуждения. [...] Судя по моему взгляду, посторонний сказал бы, что я спросонья исследую, не взошло ли над Венецией какое-нибудь новое созвездие, со смутно готовым представленьем о нем как о Созвездьи Гитары [Пастернак 2004, 5: 209].

Пробуждение дара направляет поэта к новым «созвездиям Гитары». Е. Фарыно видит в гитаре «символ устремленности человека к любви и сверхъестественному миру» [Фарыно 1989: 214], для которой он находит наглядную иллюстрацию в картине Босха «Сад земных наслаждений», где персонажи изображены висящими на струнах арфы и гитары. В моем понимании музыкальная сущность гитары еще важнее для такого «ренессансного» окончания венецианской части, объединяющей все важные для рассказчика мифологии: музыку, возрождение в поэзии и вечность. Рассказчик живет в мире, очень похожем на мир, созданный Цветаевой для Рильке в «Новогоднем», где она уверяет его: «Свидимся — не знаю, но — споемся», — намекая на силу кифары Орфея, ведущую поэзию сквозь века. Новое музыкальное созвездие, которое занятый сочинением стихов рассказчик у Пастернака надеется обнаружить над Венецией, обитает на тех же надмирных высотах, где Цветаева ожидает встретиться с Рильке.

Но если триумф «бессмертного» искусства для рассказчика завершает венецианские эпизоды, предупреждение об опасности для искусства и художника в венецианской цивилизации как бы является предвестьем завершающей части «Охранной грамоты». Грозный облик венецианского льва, чья пасть поглощает тайные доносы, а затем и инакомыслящих, предвещает ужасный мир, в котором совершает самоубийство главный герой последней части «Охранной грамоты» Маяковский. Размышления автора о его кончине находятся в русле одного из важнейших мифов «умирающего века», мифа о «смерти поэта». Прежде чем рассматривать, как трактует рассказчик этот миф, выражающий взгляды Пастернака в его внутреннем диалоге с Рильке и Цветаевой о роли поэта, необходимо вспомнить, насколько он был важен для Пастернака и его современников.

Для поэтов Серебряного века концом золотого века поэзии стала смерть Пушкина, возведенная в миф вселенских масштабов. Она стала, по словам Б. М. Гаспарова, «эсхатологическим символом, недвусмысленно отмечающим конец света — того света, в котором развивалось и процветало модернистское движение» [Gasparov 1992: 13]. Поскольку поэты Серебряного века воспринимали себя прямыми наследниками века золотого, смерть любого выдающегося поэта, особенно насильственная, неизбежно вызывала у них ассоциации с гибелью Пушкина[14]. Как вновь за-

---

[14] И. Паперно, «Пушкин в жизни человека Серебряного века» [Gasparov 1992: 42–43].

мечает Гаспаров, самоубийство Маяковского «воспринималось многими как событие символическое, воплощающее кризис эпохи [...]» [Gasparov 1992: 12]. В «Охранной грамоте» Пастернак проецирует это событие на судьбу Пушкина в особенно поразительном перевоплощении, к примеру, в этих важнейших строчках:

> Но кто поймет и поверит, что Пушкину восемьсот тридцать шестого года внезапно дано узнать себя Пушкиным любого — Пушкиным девятьсот тридцать шестого года. [...] Что это какая-то нечеловеческая молодость, но с такой резкой радостью надрывающая непрерывность предыдущей жизни, что [...] она своей резкостью больше всего похожа на смерть. Что она похожа на смерть, но совсем не смерть, отнюдь не смерть, и только бы, только бы люди не пожелали полного сходства [Пастернак 2004, 5: 230–231].

На первый взгляд рассказчик здесь говорит то же, что его современники, сравнивающие преждевременную гибель Маяковского с гибелью Пушкина и его эпохи. В знаменитом очерке «О поколении, растратившем своих поэтов» после описания затхлой атмосферы пушкинской России времен правления Николая I Р. Якобсон упоминает «мертвящее отсутствие воздуха», задушившее Маяковского [Якобсон 1975: 32][15]. П. Д. Святополк-Мирский также отмечает, что, несмотря на разницу между литературными эпохами Маяковского и Пушкина, Маяковский, во многом как и его предшественник, был выразителем духа целого поколения поэтов[16].

В то же время из вышеприведенной цитаты из «Охранной грамоты» следует двойственное восприятие автором образа Пушкина. Хотя он отмечает «сверхъестественную» молодость Маяковского, что перекликается с восприятием «вечно молодого Пушкина» современниками Пастернака, он одновременно боится этого сравнения: «и только бы, только бы люди не пожелали

---

[15] См. также с. 12, где Якобсон описывает «обстановку мертвого застоя в Чаадаевской России».

[16] П. Д. Святополк-Мирский, «Две смерти: 1837–1930» в [Якобсон 1975: 38].

полного сходства» [Пастернак 2004, 5: 230–231]. Причины этого страха двояки: с одной стороны, рассказчик не приемлет сознательного конструирования «жизни поэта» по пушкинской парадигме, как ее видели его современники, считая такое ролевое поведение неестественным и опасным. С другой стороны, будучи сам поэтом Серебряного века, автор не может не испытывать влияния эсхатологических умонастроений, связывающих самоубийство Маяковского с трагическим концом Пушкина. Так протест против сравнения Пушкина с Маяковским подтверждает страх, что аналогия должна быть полной, что со смертью Маяковского закончится литературная эпоха[17].

В то же время протест автора против чрезмерного поклонения Маяковскому напоминает некоторые реакции главного героя романа Рильке 1910 года «Записки Мальте Лауридса Бригге»[18]. В нем молодой датский поэт дворянского происхождения живет в бедности в Париже. Многие исследователи замечали странное чувство страха, которое постоянно испытывает Мальте [Mason 1963: 64; Bradley 1980: 38][19]. Как отмечено в предыдущей главе, существует тесная связь между поэтикой Рильке и движением экспрессионизма, течения в литературе и искусстве, часто описывавшего ужасы человеческого существования. В Париже Мальте оказывается свидетелем грязи, смерти и запустения; он нередко опасается за свою жизнь и рассудок. Чтобы противостоять «инстинкту смерти», он интернализирует свой опыт и ведет одинокую жизнь, погрузившись в творчество. Во многом подобно рассказчику из «Охранной грамоты», он часто вспоминает детство, а также сказки и легенды, отражающие его понимание

---

17 О важности аналогии между смертью поэта и концом литературы для Пастернака см. в [Флейшман 1981: 303–305].

18 Существует ряд исследований, связывающих Пастернака и Рильке, в частности [Barnes 1972: 61–78; Freiberger-Sheikholeslami 1973; Livingstone 1983], Gessen E. «"Записки Мальте Лауридса Бригге" и "Охранная грамота"» в [Loseff 1991].

19 См. также обсуждение выражений этого экзистенциального страха перед жизнью большого города в письмах Рильке к Лу Андреас Саломе, упомянутых в предыдущей главе.

времени, творчества, любви, смерти и экзистенциального положения поэта.

Свойственная Мальте поэтика интернализации — его главная задача в том, что он называет «овладеть умением видения» — связывает его с рассказчиком «Охранной грамоты». Подобно Мальте герой Пастернака выбирает неприметную роль наблюдателя, «метонимического» героя. Рассказчик отрицает лицедейство, которое воплощает Маяковский, считает его саморазрушительным. По мнению рассказчика, чрезмерная театральность Маяковского, его фасад «харизматического» поэта был одновременно притягательным и пугающим: «В отличье от игры в отдельное он разом играл во все, в противность разыгрыванью ролей, — играл жизнью. Последнее, без какой бы то ни было мысли о его будущем конце, — улавливалось с первого взгляда. Это-то приковывало к нему и пугало» [Пастернак 2004, 3: 215].

Чувство рассказчика здесь сродни страху, который ощущал Мальте ребенком при виде собственного отражения в зеркале в карнавальной маске[20]:

Heiss und zornig stürzte ich vor den Spiegel und sah mühsam durch die Maske durch, wie meine Hände arbeiteten. Aber darauf hatte er nur gewartet [...] Während ich in masslos zunehmender Beklemmung mich anstrengte, mich irgendwie aus meiner Vermummung hinauszuzwängen, nötigte er mich [...] und diktierte mir ein Bild, nein, eine Wirklichkeit, eine fremde, unbegreifliche monströse Wirklichkeit, mit der ich durchtränkt wurde gegen meinen Willen: denn jetzt war er der Stärkere, und ich war der Spiegel. Ich starrte diesen grossen, schrecklichen Unbekannten vor mir an, und es schien mir ungeheuerlich, mit ihm allein zu sein [Rilke 1996: 3: 529–530].

Разъяренный, я кинулся к зеркалу, чтобы как-то следить из-под маски за работой собственных рук. Но оно того только и дожидалось. Для него настал час отмщенья. Покуда я все более неловко пытался избавиться от своего маска-

---

20 Е. Гессен указывает на сходство опыта отчуждения личности Мальте и Маяковского в работе «"Записки Мальте Лауридса Бригге" и "Охранная Грамота"» [Loseff 1991: 165].

рада, оно, уж не знаю как, приковало мой взгляд и навязало мне образ, нет, реальность, чужую, немыслимую реальность, против воли ужаснувшую меня, ибо оно взяло надо мной верх, и теперь уже — я был зеркалом. Я смотрел на огромного жуткого незнакомца, и мне невыносимо показалось оставаться с ним один на один. И не успел я это подумать, случилось самое страшное: я совершенно перестал себя сознавать, я просто исчез. На миг я испытал тянущую, горькую, напрасную тоску по себе, потом остался только он — кроме него, ничего не было [Рильке 2021: 110, 111].

Мальте пытается снять маску, но не может, и, в конце концов, его обнаруживают лежащим без сознания все в той же маске. Его новый облик становится источником страха и оцепенения. Для Маяковского, напротив, «избыточная персонификация»[21] или метафоризация себя являются осознанным решением, которому он следует до конца:

За его манерою держаться чудилось нечто подобное решенью, когда оно приведено в исполненье и следствия его уже не подлежат отмене. Таким решением была его гениальность, встреча с которой когда-то так его потрясла, что стала ему на все времена тематическим предписаньем, воплощенью которого он отдал всего себя без жалости и колебанья [Пастернак 2004, 3: 215–216].

Даже на смертном одре на лице Маяковского лежит печать гения и вечной молодости:

Лицо возвращало к тем временам, когда он сам назвал себя красивым, двадцатидвухлетним, потому что смерть закостенила мимику, почти никогда не попадающуюся ей в лапы. Это было выраженье, с которым начинают жизнь, а не которым ее кончают [Пастернак 2004, 3: 236].

Этот образ маски, сохраняющей юность лица Маяковского, напоминает о рассказе Мальте о Гришке Отрепьеве, претендо-

---

[21] Термин С. Бойм [Boym 1991: 148].

вавшем на царский трон при Борисе Годунове. Он повествует о всепоглощающем честолюбивом замысле и выдуманной личине, раздутой до гротеска. Даже после казни, пишет Мальте, самозванец не мог расстаться со своей маской: «Und dass er im Tode doch noch die Maske trug, drei Tage lang, auf die er fast schon verzichtet hatte» [Rilke 1996, 3: 588] («И что и по смерти, три целых дня, оставался он в маске, от которой почти уже отказался» [Рильке 2021: 193]).

Точно так же, как Мальте зачарован Отрепьевым, рассказчик «Охранной грамоты» зачарован гением и жизненной силой Маяковского. И все же он прекрасно сознает опасность ролевой игры для поэта-современника. Знаменитое стихотворение Пастернака 1931 года, адресованное Б. Пильняку, об опасности для поэта привлечь слишком пристальное внимание государства, выражает страх героя «Охранной грамоты» в следующих сдержанных строках:

> Напрасно в дни великого совета,
> Где высшей страсти отданы места
> Оставлена вакансия поэта:
> Она опасна, если не пуста
> [Пастернак 2004, 1: 212].

Маяковский пал жертвой своего призвания. Рассказчик приходит к этому выводу постепенно, сопоставляя личность Маяковского-поэта с собственной, сравнивая «метонимического» поэта типа Рильке с Маяковским — в какой-то мере «самозванцем» и «фальшивым» имитатором Пушкина. «Состязание» между рассказчиком и Маяковским начинается с первоначального преклонения рассказчика перед огромным поэтическим дарованием Маяковского. Потрясенный авторским чтением трагедии «Владимир Маяковский», он подчеркивает харизматический образ героя: «Заглавье скрывало гениально простое открытие, что поэт не автор, но — предмет лирики, от первого лица обращающийся к миру. Заглавье было не именем сочинителя, а фамилией содержанья» [Пастернак 2004, 3: 218].

«Собственно, тогда с бульвара я и унес его всего с собою в свою жизнь», — продолжает рассказчик. Первоначальное восхищение автора так полно, что угрожает его собственной работе: «Вернувшись в совершенном потрясении тогда с бульвара, я не знал, что предпринять. Я сознавал себя полной бездарностью. [...] Если бы я был моложе, я бросил бы литературу» [Пастернак 2004, 3: 225–226].

Однако происходит прямо противоположное. «Самоубийственное» намерение бросить литературу влияет на новое самоощущение рассказчика, оно знакомо по его прежнему опыту выбора пути. Однако он, как Мальте, погружается в свой внутренний мир и отрекается от культа поэтической личности, которому следуют многие из символистов и футуристов, его современников. Вместо этого он изобретает новый поэтический дискурс, который называет «неромантическим»:

> Случилось другое. Время и общность влияний роднили меня с Маяковским. У нас имелись совпаденья. Я их заметил. Я понимал, что если не сделать чего-то с собою, они в будущем участятся. [...] Я отказался от романтической манеры. Так получилась неромантическая поэтика «Поверх барьеров» [Пастернак 2004, 3: 225–226].

Отрицаемый романтизм здесь — это и поэтический стиль футуризма, и культ личности поэта, уходящий корнями в сознательную имитацию Пушкина. В данном случае рассказчик передает взгляды литературной критики 1920-х годов, видевшей истоки футуризма у романтиков[22]. Но в вышеприведенном отрывке рассказчик не столько отрицает романтизм, сколько отказывается от того, что он позже охарактеризует «зрелищным пониманием биографии», — он возражает против того, чтобы поэт становился символом собственного творчества, против нарочитого образа «харизматического поэта». Пастернак в роли рассказчика утверждает, что сила, вызвавшая к жизни «Сестру

---

[22] См. [Флейшман 1981: 300; Горлов 1924: 6–15] и О. Мандельштам, «Буря и натиск» в [Мандельштам 1990, 2: 340].

мою жизнь» была больше его собственной личности. Это утверждение отсылает к бергсонианскому определению — Бергсон был
популярен среди университетских однокурсников Пастернака —
жизни как силы, постигаемой лишь интуитивно, где субъект
и объект неразделимы [Aucouturier 1979: 340–341].

Когда в 1932 году Цветаева пишет о различии между Пастернаком и Маяковским в очерке «Эпос и лирика современной
России», она использует противоположные по смыслу метафоры:
для Пастернака — поглощение, для Маяковского — отдача:
«Пастернак — поглощение, Маяковский — отдача. Маяковский —
претворение себя в предмете, растворение себя в предмете. Пастернак — претворение предмета в себя, растворение предмета
в себе [...]» [Цветаева 1994, 5: 380].

Эти метафоры вторят мыслям рассказчика в «Охранной грамоте» о разнице между ним и его прежним кумиром Маяковским.
Еще одна метафора, которой Цветаева описывает Пастернака —
уподобление его губке, поглощающей и трансформирующей
материал: «Напоминаю, что губка Пастернака — сильно окраши-
вающая. Все, что вобрано ею, никогда уже не будет тем, чем было»
[Цветаева 1994, 5: 382].

Эти метафоры заново обобщают отношение рассказчика
к себе, а следующая череда цветаевских метафор визуально передает силу поэтической личности Маяковского:

> Маяковский безличен, он стал вещью, живописуемой.
> Маяковский, как имя, собирательное. Маяковский, это
> кладбище войны и мира, это родины Октября, это Вандом-
> ский столп, задумавший жениться на площади Конкорд [...]
> Это последний Крым, это тот последний Врангель [...]
> Маяковского нет. Есть — эпос. [Цветаева 1994, 5: 380].

Жизнетворчество такого типа является тем, чего хочет избе-
жать герой «Охранной грамоты»; он всячески стремится к тому,
чтобы не стать биографическим воплощением собственных сочинений, символом и метафорой своей поэзии. Ощущая опасность такой «чрезмерной персонификации», обязывающей

к героизму и пролитой крови, он решает не следовать путем своего кумира:

> Зрелищное понимание биографии было свойственно моему времени. Я эту концепцию разделял со всеми. Я расставался с ней в той еще ее стадии, когда она была необязательно мягка у символистов, героизма не предполагала и кровью еще не пахла. И, во-первых, я освобождался от нее бессознательно, отказываясь от романтических приемов, которым она служила основаньем. Во-вторых, я и сознательно избегал ее, как блеска, мне не подходящего, потому что, ограничив себя ремеслом, я боялся всякой поэтизации, которая поставила бы меня в ложное и несоответственное положенье [Пастернак 2004, 3: 226–227].

Упоминание крови здесь, очевидно, имеет коннотации и политические, и экзистенциальные: поэтов, примерявших «харизматическую» роль, часто вели к гибели либо власти, либо трагическое понимание своего самообмана. Именно самообман, утверждает рассказчик, привел Маяковского к его трагическому концу. Этот самообман включал переоценку Маяковским своей «харизмы» в жестоких реалиях советского государства. Рассказчик видит обманутого героя своего повествования в традициях мифа об Орфее и христианства, подчеркивая неизбежно грандиозное и мессианское самовосприятие, на которое обречен «харизматический» поэт:

> В своей символике, то есть во всем, что есть образно соприкасающегося с орфизмом и христианством, в этом полагающем себя в мерила жизни и жизнью за это расплачивающемся поэте, романтическое жизнепонимание покоряюще ярко и неоспоримо. [...] Но вне легенды романтической этот план фальшив [Пастернак 2004, 3: 226].

Тем не менее на судьбу Маяковского, полагает рассказчик, повлиял не только он сам: его трагедия, как и у Пушкина, была трагедией поколения, «растратившего своих поэтов». Он поясняет эту связь, во-первых, показывая героя, захваченного силой безличного, коллективного:

Меняют привычки, носятся с новыми планами, не нахваляются подъемом духа. И вдруг — конец, иногда насильственный, чаще естественный, но и тогда, по нежеланию защищаться, очень похожий на самоубийство. [...] Носились с планами, издавали «Современник», собирались ставить крестьянский журнал. Открывали выставки двадцатилетней работы, исхлопатывали заграничный паспорт [Пастернак 2004, 3: 230].

Конец в виде самоубийства приходит, считает рассказчик, потому, что жертва не может защититься от будничной жестокости этой силы. Он показывает неожиданный срыв, настигающий героя:

Но другие, как оказывается, в те же самые дни видели их угнетенными, жалующимися, плачущими. Люди целых десятилетий добровольного одиночества вдруг по-детски пугались его, как темной комнаты, и ловили руки случайных посетителей, хватаясь за их присутствие, только бы не оставаться одним. [...] Люди, получившие столько подтверждений от жизни, сколько она дает не всякому, рассуждали так, точно они никогда не начинали еще жить и не имели опыта и опоры в прошлом [Пастернак 2004, 3: 230].

В конце концов герой сдается внешним обстоятельствам, он побежден одиночеством, беззащитен и зависим от других и неспособен положиться на себя в том, чтобы выстоять. Маяковский здесь вновь являет черты типа Рильке или, точнее, Блудного сына, как его трактует Мальте в «Записках Мальте Лауридса Бригге». Мальте находит этот персонаж из библейской притчи беспомощным из-за зависимости от чужой любви. Подобно Маяковскому в «Охранной грамоте», Блудный сын у Рильке сломлен обрушившимся на него обожанием и поклонением. Чтобы избавиться от всеобщей любви и найти собственные внутренние силы, Блудный сын отправляется в дальний путь, но преуспевает лишь отчасти: хотя он и обретает силу духа, его конечный поиск божественной любви претерпевает неудачу [Rilke 1996, 3: 635; Рильке 2021: 263].

Но, в отличие от Блудного сына, превозмогшего поклонение
других, Маяковский в третьей части «Охранной грамоты» под-
дается разрушительному влиянию всеобщего обожания, и это
приводит его к трагическому концу. Для рассказчика этот трагический конец воплощает сомнения и страхи о будущем литературы. На этом повороте интертекстуальное сходство образа
мыслей рассказчика и Мальте, с его склонностью к экзистенци-
альному страху, смешивается с веяниями века или, точнее, мифом
о возвращении Пушкина через столетие.

Мальте открыто признает, что живет в «культуре смерти»
и в своем страхе перед ней:

> Seitdem habe ich viel über die Todesfurcht nachgedacht, nicht
> ohne gewisse eigene Erfahrungen dabei zu berücksichtigen. Ich
> glaube, ich kann wohl sagen, ich habe sie gefühlt. Sie überfiel
> mich in der vollen Stadt, mitten unter den Leuten, oft ganz ohne
> Grund [Rilke 1996, 3: 569].

> С тех пор я много раздумывал о страхе смерти, опираясь
> в какой-то мере и на личный опыт. Пожалуй, я могу
> с уверенностью сказать, что испытал этот страх. Он охва-
> тывал меня вдруг, на шумных улицах, среди многолюдства,
> часто без всяких причин [Рильке 2021: 165, 166].

Мальте противостоит «Todesfurcht» (страху смерти), интерна-
лизуя свой опыт в литературе и, наконец, пересказывая легенду
о Блудном сыне. Сходным образом рассказчик в «Охранной
грамоте» сталкивается с дурными предчувствиями и противостоит им. Он начинает третью часть размышлениями о природе
апокалиптических предчувствий художника, приводящих к рождению искусства:

> На свете есть смерть и предвиденье. Нам мила неизвест-
> ность, наперед известное страшно, и всякая страсть есть
> слепой отскок в сторону от накатывающей неотвратимости.
> Живым видам негде было бы существовать и повторяться,
> если бы страсти некуда было прыгать с общей дороги, по
> которой катится общее время, каковое есть время посте-
> пенного разрушенья вселенной [Пастернак 2004, 3: 209].

Искусство, по утверждению рассказчика, — это аномалия в мире постепенного упадка. Его появление внезапно и ошеломительно, оно одновременно существует как за пределами истории вообще, так и внутри истории культуры:

> За деревьями стояло искусство, столь прекрасно разбирающееся в нас, что всегда недоумеваешь, из каких неисторических миров принесло оно свою способность видеть историю в силуэте. Оно стояло за деревьями, страшно похожее на жизнь, и терпелось в ней за это сходство, как терпятся портреты жен и матерей в лабораториях ученых, посвященных естественной науке, то есть постепенной разгадке смерти [Пастернак 2004, 3: 210].

Здесь рассказчик возвращается к возрождающей роли искусства, одному из центральных образов венецианской части «Охранной грамоты». Но эта оптимистическая мысль должна сосуществовать с грозной реальностью жизни художника. Самоубийство Маяковского вызывает у рассказчика реакцию на смерть другого поэта, Владимира Силлова, расстрелянного незадолго до похорон главного героя третьей части очерка [Aucouturier 1979: 345][23]. Рассказчик зовет с собой его вдову: «Узнав о несчастьи, я вызвал на место происшествия Ольгу Силлову. Что-то подсказало мне, что это потрясенье даст выход ее собственному горю» [Пастернак 2004, 3: 234]. Судьбоносное совпадение гибели двух поэтов побуждает рассказчика к эмпатии и состраданию конкретным личностям на фоне философских размышлений о судьбе поэзии.

В первой главе отмечалось, что идея «вечного возвращения», вдохновлявшая русских поэтов и мыслителей, была рождена западной философской мыслью. В первую очередь, это были идеи Ницше, оказавшие широчайшее воздействие на российскую литературную жизнь того периода[24]. Помимо «вечного возвра-

---

[23] См. также редакторский комментарий к «Охранной грамоте» в [Пастернак 2004, 3: 575].

[24] И. Паперно, «Пушкин в жизни человека Серебряного века» [Gasparov 1992: 20].

щения», еще одной важной концепцией, развитой Ницше и воспринятой русскими литераторами, была концепция трагических противоречий, относящихся к конфликтам аполлонического и дионисийского, язычества и христианства, жизни и искусства, плоти и духа[25]. В русской литературной культуре Серебряного века эти противоположности идеальным образом соединялись в фигуре Пушкина. Как писал в своем знаменитом очерке Мережковский, Пушкин был идеальным воплощением духа, разрешением концепции противоположностей, выдвигаемой Ницше [Мережковский 1906]. В рамках ницшеанской теории «вечного возвращения» Пушкин представлял для русской культуры одновременно прошлое и будущее[26]. Для поэтов Серебряного века его смерть стала событием, отмечающим конец одной и начало новой литературной эпохи. Также обычной практикой стало проводить параллели между гибелью Пушкина и смертью знаменитых литературных и культурных персонажей эпохи. Помимо упомянутых статей Якобсона и Святополка-Мирского, указывавших на параллели между Маяковским и Пушкиным, среди других известных примеров — стихотворение Ахматовой на смерть Блока и очерк Мандельштама по случаю смерти Скрябина[27]. В обоих текстах параллели между Блоком и Пушкиным или Скрябиным и Пушкиным выражали идею кризиса, за которым следует обновление. Эсхатологическая модель, строящаяся на смерти Пушкина, хотя и коренится в русском ницшеанстве, также сформирована христианской традицией, отправной точкой которой стали сочинения Мережковского и Соловьева[28]. За смертью поэта неизбежно должно последовать «новое рождение»[29]. Так, отмечать годовщи-

---

[25] И. Паперно, «Пушкин в жизни человека Серебряного века» [Gasparov 1992: 21]; см. также [Paperno 1994].

[26] И. Паперно, «Пушкин в жизни человека Серебряного века» [Gasparov 1992: 21].

[27] А. Ахматова, «А Смоленская нынче именинница...» [Ахматова 1998: 295]; О. Мандельштам, «Скрябин и христианство» [Мандельштам 1990, 2: 157–161].

[28] И. Паперно, «Пушкин в жизни человека Серебряного века» [Gasparov 1992: 21]; см. также в [Соловьев 2020].

[29] И. Паперно в [Gasparov 1992: 21].

ну гибели Пушкина считалось важнее, чем устраивать юбилейные торжества по случаю дня его рождения [Gasparov 1992: 14].

Эту концепцию «возрождения» подвергает сомнению рассказчик в «Охранной грамоте». Его борьба с «инстинктом смерти» Мальте ослабляет веру в возвращение Пушкина через 100 лет и обновляющую роль искусства. В следующем отрывке ярко выражены леденящие подозрения рассказчика посредством лексики, связанной с морозом и туманом:

> Большой, реальный, реально существующий город. В нем зима, в нем мороз. Визгливый, ивового плетенья двадцатиградусный воздух как на вбитых сваях стоит поперек дороги. Все туманится, все закатывается и запропащается в нем. Но разве бывает так грустно, когда так радостно? Так это не второе рожденье, так это смерть? [Пастернак 2004, 3: 232]

Одновременно испуганный и ликующий вопрос рассказчика: «Так это не второе рожденье [...]?» — показывает, что он почти готов поддаться своим страхам. Таким образом, в заключении «Охранной грамоты» рассказчик пребывает в менее экзальтированном настроении, столкнувшись с трагическими реалиями жизни. Подобно Якобсону в его знаменитом эссе об утраченном поколении поэтов, рассказчик обвиняет Маяковского в создании собственного мифа для футуристических целей: «Он с детства был избалован будущим, которое далось ему довольно рано и, видимо, без большого труда» [Пастернак 2004, 3: 238].

Здесь рассказчик напоминает «эмпатически сонастроенного» аналитика типа Х. Кохута[30]. Но обвинения Маяковского в «избалованности будущей славой» также указывают на собственное беспокойство рассказчика по поводу будущего литературы. Рисуя мрачную картину морозной Москвы в рассказе о гибели своего современника, Пастернак оставляет вопрос о наступающей эпохе открытым, словно подвешенным между эсхатологией и мифом. Описанное состояние холода и тревоги, опять же, возвращает нас к Рильке.

---

[30] См. [Zaslavsky 2009: 151].

Блудный сын Рильке, каким его видит Мальте, отверг похвалу света, потому что искал божественной любви. Но, несмотря на духовные достижения, он не достигает поставленной цели, поскольку он еще не достоин внимания Бога: «Er war jetzt furchtbar schwer zu lieben, und er fühlte, dass nur Einer dazu imstande sei. Der aber wollte noch nicht» [Rilke 1996, 3: 635] («Его стало бесконечно трудно любить, он чувствовал, что это под силу лишь Одному. Но Он пока не хотел» [Рильке 2021: 263]).

Точно так же на последней фразе «Охранной грамоты» судьба лирической поэзии для рассказчика остается неясной. В этом смысле его диалог с Рильке в третьей части резко контрастирует с диалогом в двух предыдущих. Рильке первых двух частей вел рассказчика по пути творческого становления и возрождения. Напротив, в третьей части диалог с Рильке через Маяковского и Пушкина ведет рассказчика к пониманию кризиса поэзии его эпохи. Дискурс «умирающего века» в третьей части «Охранной грамоты» сопровождается экзистенциальными сомнениями рассказчика.

На этом противоречивом фоне рассказчик посвящает читателя в притчу о гении и красавице, подчеркивающую миссионерскую роль поэта, и одновременно вовлекает поэта в инцестуальную драму, устанавливая таким образом символическую и интертекстуальную связь с высказываниями Цветаевой о Рильке и Пастернаке, а также ее поэтическими обращениями к обоим поэтам. Притча становится частью рассказа о самоубийстве Маяковского и повествует о красавице, о гении, которого ей суждено встретить благодаря ее выдающемуся дару, и ее далеком брате — «человеке огромного обыкновенья» с уникальной способностью понимать ее стремления. Красавица и брат — или, вернее, ее задушевный друг — рассматривают свой союз как побеждающий время и пространство: «[...] они встречаются, и что бы тут ни произошло [...] какое-то совершеннейшее "я — это ты" связывает их всеми мыслимыми на свете связями и гордо, молодо и утомленно набивает медалью профиль на профиль» [Пастернак 2004, 3: 234]. Притча действительно задает сразу множество направлений. Самое очевидное — интертекстуальные параллели между Пушкиным (гением), его злосчастным браком с Натальей Гончаровой (красавицей) и с бурной любовной жизнью Маяковского: незадолго до самоубийства ему отказали в визе для поездки во Францию, где он хотел увидеться с его последней любовью — Татьяной Яковлевой[31]. Факт встречи («они встречаются») можно считать сказочной версией несостоявшейся поездки. Но главная суть притчи, на мой взгляд, в описании женщины, которой хочется подняться над миром рутины (Цветаевой), и ее далекого брата (Пастернака), который понимает ее как никто:

> Ей хочется известности, которой пользуются деревья и заборы и все вещи на земле, когда они не в голове, а на воздухе. Но она расхохоталась бы в ответ, если бы ей приписали такие желанья. [...] На то есть в мире у нее далекий брат, человек огромного обыкновенья, чтобы знать ее лучше ее самой и быть за нее в последнем ответе [Пастернак 2004, 3: 233].

Отсылки к вещному миру, оборачивающемуся миром нематериальным, вызывают ассоциацию с письмом Цветаевой Пастернаку 1927 года, где она выражает нелюбовь к миру реальному и желание подняться над ним[32]. Уравнение «я — это ты» указывает на то, как Пастернак идентифицировал себя с Цветаевой в письме 1926 года, где он пишет: «я до бессмыслицы стал путать два слова: я и ты»[33]. Упоминание далекого брата указывает на ответное восприятие его Цветаевой как поэтически равного, что

---

[31] Об отношениях Маяковского и Яковлевой см. в [Brown 1973: 340]. В комментариях к «Охранной грамоте» также говорится о трепетном отношении Маяковского к Веронике Полонской. Напротив, по мнению К. Чипела, эта «аллегорическая сказка» заключает историю любви Пастернака к Зинаиде Нейгауз [Ciepiela 2006: 227–228]. В творчестве Цветаевой тема гения и красавицы представлена в основном размышлениями о жизни Пушкина, что подтверждается ее письмом Пастернаку почти десятилетие спустя: «Дорогой Борис, я теперь поняла: поэту нужна красавица» (письмо от июля 1935 года) [Коркина, Шевеленко 2004: 554], также цит. в [Шевеленко 2002: 394] в связи со сравнением Пастернака и Пушкина.

[32] Письмо от 1 января 1927 года [Коркина, Шевеленко 2004: 277]. См. также примечание 17.

[33] Письмо от 5 мая 1926 года [Азадовский 2000: 75].

звучит и в ее письмах, и в адресованных Пастернаку стихах. Отсылка к медалям, на которых профили будут отчеканены рядом, словно речь идет о героях или государственных деятелях, вновь указывает на множество подтекстов «Охранной грамоты»[34], а использование связки «что бы тут ни произошло» заставляет вспомнить о «вечном горении», способности поэта побеждать и время, и пространство.

Но в то же время притча отражает не только идеальное существование поэта. Ведь рассказчик вставляет ее в эпизод о самоубийстве Маяковского, что неизбежно отягощает ее иными, трагическими смыслами. Так, близкий друг из притчи — это брат, хоть и далекий; таким образом, мотив влияния поэта здесь наложен на миф об инцесте. Инцест — один из определяющих мифов «умирающего века»; этот подтекст рассматривался в анализе «Новогоднего» и «Твоей смерти» Цветаевой в предыдущей главе. Здесь важно отметить, что для поэтики Серебряного века в этом мифе важны не только мотив вины, но и мотивы жертвы и искупления [Freidin 1987: 207]. Когда далекий брат занимает место возлюбленного красавицы и идет с ней по тропе неизвестности, они оба становятся свидетелями падения и гибели харизматического поэта. Тот факт, что притча возникает в «Охранной грамоте» между тревожными вопросами рассказчика о возможности «нового» или «второго рождения» и его прощанием с Маяковским, неминуемо связывает ее с темой общественной вины и жертвы, приносимой поэтами на службе у своего ремесла. Размышления рассказчика об ужасном, разрушенном мире, в котором обитает он, а также его кумир Маяковский, заранее готовят читателя к трагической концовке, напоминая цветаевскую «яму» из «Новогоднего»: «Страшный мир. Он топорщится спинками шуб и санок, он, как гривенник по полу, катится на ребре по рельсам [...] Он перекатывается, и мельчает, и кишит случайностями, в нем так легко напороться на легкий недостаток вниманья» [Пастернак 2004, 3: 232].

---

[34] См. Л. Флейшман о двойственности мотивов «Охранной грамоты» [Флейшман 1981: 207].

В этом испуганном, полном случайностей мире нет места доверию и состраданию. Саркастическое замечание рассказчика о безразличии общества далее оборачивается горькими фразами, выражающими презрение публики к Маяковскому в последний год его жизни: «"Этот? Повесится? Будьте покойны". — "Любит? Этот? Ха-ха-ха! Он любит только себя"» [Пастернак 2004, 3: 232]. «Расплата» последует в символизме слов рассказчика, он описывает Москву как город «в белом остолбеньи» [Пастернак 2004, 3: 234], возможно, намекая на библейский соляной столб, в который обратилась Лотова жена. Далее всемогущее советское государство обращено смертью Маяковского в человекоподобную сущность, отождествленную с нарушителем заповедей слепцом Эдипом, которому рассказчик готов предложить помощь: «[...] у самой стены стало наше государство, наше ломящееся в века и навсегда принятое в них, небывалое, невозможное государство. Оно стояло внизу, его можно было кликнуть и взять за руку» [Пастернак 2004, 3: 237].

Здесь, как и в «Новогоднем» и «Твоей смерти», поэту достается роль мученика. Именно Маяковский в конечном счете страдает за грехи государства. «И тогда я [...] подумал, что этот человек был [...] этому гражданству единственным гражданином» [Пастернак 2004, 3: 238] — трагическая поправка знаменитого изречения Некрасова: «Поэтом можешь ты не быть, но гражданином быть обязан». Прозаически спокойное и одновременно метафорическое выражение «только у этого новизна времен была климатически в крови» соотносится с использованием «кровавой» лексики, как и в цитируемом выше абзаце из «Охранной грамоты», осуждающем ролевую «зрелищную биографию» [Пастернак 2004, 3: 226–227], чтобы подчеркнуть жертвенный аспект гибели Маяковского. Сам рассказчик здесь, в отличие от «искупительницы» Цветаевой, сохраняет «метонимический» статус. Он — летописец и в этой роли изумленно взирает на развязанный государством террор. Только искусство еще способно себя защитить, отсюда и название произведения Пастернака — «Охранная грамота». М. Окутюрье отмечает, что «вся книга — заявление о свободе искусства [...]» [Aucouturier 1979:

346–347] и что «Охранная грамота — не попытка оправдать искусство перед лицом времени, а наоборот — попытка защитить его от посягательств времени-поработителя и обеспечить ему путь в вечность».

Оценка Окутюрье этого произведения как «попытки защиты искусства» подтверждается как философским содержанием «Охранной грамоты» в отношении роли искусства и художника — замаскированного Рильке или театрального Маяковского, — так и самим ее названием, которое по-своему интерпретирует Е. Фарыно. Он связывает «Охранную грамоту» с подорожной:

> дорожный документ, по которому путешественник получал почтовых лошадей для дальнейшего следования. Одновременно «подорожной» называется и «разрешительная молитва», имеющая письменный вид и полагаемая в гроб усопшего для его сопровождения в царство небесное [Фарыно 1989: 238, примечание 93].

Данное прочтение прозаического очерка Пастернака окончательно утверждает связь между рассказчиком из «Охранной грамоты», совершающим свой путь в мире музыки, изобразительного искусства и поэзии, и его по большей части скрытым проводником Рильке, скончавшимся за несколько лет до завершения этого очерка; здесь мы также видим интертекстуальный мост между «Охранной грамотой» и «Новогодним», написанным Цветаевой как прощальное письмо-апострофа. Пройдет немало лет до того, как Пастернак создаст «Стихотворения Юрия Живаго», но в заключительной части «Охранной грамоты» практически слышна молитва его Гамлета: «Если только можно, Авва Отче, / Чашу эту мимо пронеси» [Пастернак 2004, 4: 515].

Заключение

«Я памятник себе воздвиг нерукотворный» [Пушкин 1977–1979, 3: 340].
«Поэты — непризнанные законодатели мира» [Шелли 1998: 744].
«И внуки скажут, как про торф: / Горит такого-то эпоха» [Пастернак 2004, 1: 214].

Общий знаменатель этих цитат, охватывающих время от эпохи романтизма до Серебряного века, — утверждение о непрестанном горении и неистребимой харизме поэта. Литературный треугольник Цветаева — Рильке — Пастернак являет нам своего рода метафорическое колебание поэтов между этим романтическим идеалом и куда менее возвышенным пониманием места поэта, обусловленным тяжелыми культурно-историческими условиями в России и Европе между двух мировых войн.

В произведениях Цветаевой ощущение надвигающегося кризиса передается через мифологию вечного возвращения: поэзия бросает вызов смерти, бренный мир сменяет мир чистой поэзии, поэт, живущий вне мирского порядка и творящий, становится наследником ушедшего. Из трех поэтов Цветаева, говоря словами И. Бродского, держит такую высоту, что «взять выше нотой — не по силам», и утверждает веру в то, что «изящная словесность, помимо своих многочисленных функций, свидетельствует о вокальных и нравственных возможностях человека как вида — хотя бы уже потому, что она их исчерпывает» [Бродский 1997: 155][1].

---

[1] В своей статье «Наши Беллевю и Бельведеры» в [Заславская 2021] я рассматриваю апострофу Цветаевой к Рильке в контексте литературных баталий парижской эмиграции, в частности, в контексте отношений Цветаевой и Бунина.

Поэтический диалог Цветаевой с Пастернаком сосредоточен на роли и миссии поэта в меняющемся поэтическом ландшафте XX века. Противоречие между традиционно центральной ролью, которую играет поэт-романтик, и все более маргинальным положением Цветаевой проявляется в непрерывных трансформациях лирической героини цикла «Провода». В цикле «Двое» то же противоречие раскрывается в противопоставлении поэта и банальности окружающего мира. В обоих циклах подчеркнут харизматический образ лирической героини — утверждается ее желание царить в мире поэзии в роли «харизматического поэта», характерной для поэзии эпохи Серебряного века. Одновременно с этим в ее посвященных Пастернаку поэмах «С моря» и «Попытка комнаты» харизматический образ героини оказывается в зависимости от используемого Цветаевой языка отрицания, что подчеркивает экзистенциальное противоречие между поэтом и окружающим материальным миром. Единственный мир, остающийся для поэта доступным, — нематериальный мир поэзии. «Весь поэт на одном тире / Держится...» — провозглашает она в «Попытке комнаты», отрицая вещественное ради воображаемого.

В целом ее диалог с Пастернаком в поэтических циклах и поэмах, написанных между 1923 и 1926 годами, сосредоточен вокруг невидимого барьера между «этим светом» и «тем светом», барьером, который она преодолевает в диалоге с Рильке.

Этот диалог окончательно утверждает ее в «запредельном пространстве», как видно из поэмы «Новогоднее» и прозаического эссе «Твоя смерть». В данной монографии отношение Цветаевой к смерти рассмотрено в контексте мифологий «умирающего века» и концепции о периодической смерти и возрождении культуры, распространенной в эпоху Серебряного века. В этот период функция поэта заключается в роли миссионера, хранителя и носителя вечного света культуры; Цветаева изображает так и себя, и Рильке. И в поэме, и в прозаическом произведении Рильке предстает божественным созданием, духом поэзии. В «Твоей смерти» он буквально отдает свою кровь на благо человечества. Образ Рильке у Цветаевой отражает миф о «парадигматическом поэте», берущий начало в культе Пушкина, поддерживаемом поэтами Серебряного века. Рильке у Цветаевой — «праведник — певец — и мертвый», идеальный образ, напоминающий «парадигматического» русского поэта.

Собственный образ Цветаевой в этих произведениях также выдержан в поэтике «умирающего века». Она предстает жрицей, владеющей магией, которая способна возродить поэтическое искусство. В то же время она — объект эротического желания и одновременно материнская фигура. Так, в ее поэтике проявляется драма инцеста, характерная для поэзии «умирающего века». В этой своей двойной завершающей ипостаси она оказывается хранительницей вины России по отношению к собственным поэтам и в то же время хранительницей поэзии, обладающей уникальной способностью возрождать поэтический дух. Тем самым посвящения Цветаевой Пастернаку и Рильке являются сочинениями «харизматического поэта» в защиту поэзии.

В произведениях Пастернака ощущение кризиса культуры становится более явным: мы слышим отголоски сомнений, подрывающие веру в харизму поэта. Оставаясь «защитником поэзии», Пастернак непрерывно предупреждает об опасностях, которые подразумевает «вакансия поэта». Трагическая судьба Маяковского, о которой он пишет в «Охранной грамоте», это звучащее набатом предупреждение всем, кто хотел бы следовать этому опасному призванию.

Рассматриваемая здесь поэзия Пастернака, посвященная Цветаевой, создана в 1920-е годы, в течение почти целого десятилетия. Изображенная в ней реальность столь же тяжела и опасна для поэта, как и в произведениях Цветаевой, но его лирический герой принимает ее как неизменную данность и не ищет поддержки в иных, мифических сферах. Миссия художника состоит в создании культурного наследия, но подспудное послание всех стихотворений Пастернака, адресованных Цветаевой, — свидетельство уязвимости положения поэта и его маргинальности. Самопрезентация — ролевой образ Пастернака — разительно отличается от цветаевского: не лишенный «харизматического» потенциала, его образ оказывается «метонимическим», его «я» формируется в зависимости от диалога со своими современниками.

Такой «метонимический» ролевой образ Пастернак выбирает в «Охранной грамоте», посвященной памяти Райнера Марии Рильке. В этом длинном, отчасти автобиографическом очерке он выражает свои взгляды об опасном положении поэзии и поэтов через ряд интертекстуальных аллюзий. Главные персонажи этого трехчастного очерка — антиподы Рильке и Маяковский, жизнь которых закончилась к моменту завершения «Охранной грамоты». Рильке в первых двух частях произведения играет роль проводника юного рассказчика на пути становления и обновления. Подобно Цветаевой, Пастернак идеализирует Рильке, помещая его в контекст поэтики «умирающего века». Под символическим предводительством Рильке рассказчик совершает круг по ночной Венеции, что помогает ему понять свое призвание. В последнюю ночь в Венеции рассказчик слышит «отголоски бессмертия» «в тени» Рильке. В третьей части роль Рильке меняется — нет больше его духовного присутствия, на этот раз его книга «Записки Мальте Лауридса Бригге» становится важным интертекстом для выражения размышлений рассказчика о современном кризисе поэзии. Межтекстовые связи с героем Рильке Мальте прочитываются через противопоставление антиподов: «парадигматического» Рильке и «харизматического» Маяковского. Самообман Маяковского и его подчеркнуто театральная манера поведения напоминают о гротескном эпизоде с маской в романе «Записки Мальте Лауридса Бригге», где она становится пугающим атрибутом личности главного героя. Подобно Блудному сыну из «Записок» Рильке, Маяковский чересчур зависим от любви окружающих, что и приводит его в конечном итоге к самоубийству. Интертекстуальная связь с образом Рильке в «Охранной грамоте» очевидно находится в конфликте с поэтикой «умирающего века». Это видно по тому, как двояко рассказчик относится к самоубийству Маяковского, вызывающего в памяти образ Пушкина. Рассказчик проводит символическую параллель между Пушкиным, чья смерть в литературе Серебряного века подразумевала также и последующее возрождение поэзии, и недавно погибшим Маяковским в духе своих современников. Но вместо надежды на возрождение поэзии рассказчик выражает сомнения в такой возможности. Испытываемые им опасения, что современная жизнь приведет к гибели поэзии и поэтов, перекликаются с экзистенциальными страхами Мальте. Судьба лирической поэзии, как и судьба Блудного сына из «Записок», остается тревожно неясной.

Подобно Рильке в апострофах Цветаевой, Маяковский в «Охранной грамоте» в конечном итоге исполняет роль мученика, страдающего за прегрешения государства. Подчеркивая атмосферу вины и искупления, рассказчик включает в последнюю часть очерка главку-притчу о гении и красавице, с присутствующим в ней мотивом инцеста, в которой он подспудно обращается к Цветаевой. Это обращение является интертекстуальным мостом к текстам Цветаевой о Рильке и Пастернаке. Сам рассказчик, как и лирический герой посвященных Цветаевой стихов Пастернака, сохраняет свой «метонимический» статус. Через своих явных и неявных поэтов-адресатов он рассказывает историю поэтического и художественного гения под названием «Охранная грамота» в надежде, что искусство выстоит в ужасные времена, свидетелем которых он явился.

Высказывания Рильке относительно судьбы поэта характеризуют положение поэта в европейской культуре первой четверти XX века. Он призывает к одинокому самодостаточному существованию поэта; таким образом, формирование и проявление личности поэта становятся выражениями персональной и творческой самодостаточности. В «Элегии Марине Цветаевой-Эфрон» Рильке не оставляет читателю надежды на спокойное существование: поэт идет по бессонной земле, его творческая энергия — производная печали и меланхолии. Такая экзистенциальная позиция неизбежно ведет к распаду единого поэтического видения и крайней изоляции современного поэта от основного течения жизни, независимо от политической системы или установок общества.

Хотя Рильке говорит о той же двойственности, неотъемлемой от экзистенциального положения поэта, что и Цветаева, и Пастернак, корни и язык его поэтики заметно отличаются от двух других участников «великого треугольника». Его эстетика и стиль были во многом близки поэтике немецких экспрессионистов, очевидно повлиявших на концепцию «интернализации» эстетического опыта, выраженную в «Элегии». Дискурс «Элегии» резко контрастирует с присущей Цветаевой и Пастернаку «сакрализацией» жизни поэта. Если они видят себя миссионерами, то Рильке призывает своего поэта к одинокому пути неутомимых исканий.

Подводя итоги, сочинения трех авторов являются ответом на зыбкость и сложность существования поэта; это высочайшие достижения литературного труда в условиях изгнания — как внешнего, так и внутреннего. Трое участников переписки поэтов наверняка согласились бы с утверждением И. Бродского, заметившего, что «Если искусство и делает что-нибудь в этом роде, то оно пытается отразить те немногие элементы существования, которые выходят за пределы "жизни", выводят жизнь за ее конечный пункт» [Бродский 1996: 14].

Для современного читателя эта переписка — бесценное литературное сокровище, утерянное, но вновь обретенное. Как упомянуто в предисловии, письма на русском и немецком переведены на все основные языки мира. Сегодня продолжается их «перевод» на язык других медиа — документалистики, театра и музыки[2]. Литературное наследие великого «треугольника» Цветаевой, Пастернака и Рильке продолжает отзываться в сердцах поэтов, читателей и широких кругов ценителей литературы[3].

---

[2] См. Симфонию № 2 Леры Ауэрбах «Реквием по поэту» 2007 года, «Неуместные тексты» — хореографическое представление Константина Гроусса по мотивам «Новогоднего» 2015 года, а также упоминавшийся выше документальный фильм из цикла «Больше, чем любовь» «Райнер Мария Рильке, Марина Цветаева и Борис Пастернак». URL: http://etvnet.com/tv/dokumentalnyie-filmyi-online/bolshe-chem-lyubov-rajner-mariya-rilke-marina-tsvetaeva-i-boris-pasternak/430560/ (дата обращения: 23.07.2022). См. примечание 27 к третьей главе.

[3] См. процитированные выше мнения о двойственности роли (главной или маргинальной) поэта и писателя в российской культурной и политической жизни, выражаемые такими современными поэтами, как широко известные Н. Горбаневская, М. Степанова, известный романист М. Шишкин. Возобновление интереса исследователей к этой теме подтверждает работа А. Акилли [Achilli 2013]. Немалое количество ресурсов в интернете, опубликованных каналами «Культура», «Старое радио», а также ссылки, публикуемые домом-музеем Цветаевой в Москве, дают возможность читателям расширить свои представления об этом.

Источники

Переписка

Азадовский 1990 — Райнер Мария Рильке, Борис Пастернак, Марина Цветаева. Письма 1926 года / Сост. и коммент. К. М. Азадовского, Е. Б. Пастернака, Е. В. Пастернак. М.: Книга, 1990.

Азадовский 1992 — Небесная арка: Марина Цветаева и Райнер Мария Рильке / Сост. К. М. Азадовский. СПб.: Акрополь, 1992.

Азадовский 2000 — Рильке Р.-М.: Дыхание лирики. Переписка с Мариной Цветаевой и Борисом Пастернаком: Письма 1926 года / Сост. и коммент. К. М. Азадовского, Е. В. Пастернак и Е. Б. Пастернака. М.: Арт-Флекс, 2000.

Коркина, Шевеленко 2004 — Марина Цветаева, Борис Пастернак. Души начинают видеть: Письма 1922–1936 годов / Под ред. Е. Коркиной, И. Шевеленко. М.: Вагриус, 2004.

Пастернак 1990 — Переписка Бориса Пастернака / Сост. Е. В. Пастернак и Е. Б. Пастернака. М.: Художественная литература, 1990.

Пастернак 1990a — Борис Пастернак, из писем разных лет / Ред. Е. Б. Пастернак. М.: Библиотека «Огонёк», 1990.

Цветаева 1991 — Цветаева М. И. Письма к Анне Тесковой. СПб.: Внешторгиздат, 1991.

Цветаева 2009 — Цветаева М. И. Спасибо за долгую память любви...: письма к Анне Тесковой, 1922–1939. М.: Русский путь, 2009.

Asadowski 1992 — Asadowski K. M. Rainer Maria Rilke und Marina Zwetajewa: Ein Gespräch in Briefen. Frankfurt am Main: Insel, 1992.

Pasternak E. B. et al. 1983 — Rainer Maria Rilke, Marina Zwetajewa, Boris Pasternak: Briefwechsel / Ed. by Pasternak E. B., Pasternak E. V., Azadovsky K. M. Frankfurt am Main: Insel, 1983.

Pasternak E. B. et al. 2001 — Boris Pasternak, Marina Tsvetaeva, Rainer Maria Rilke: Letters Summer 1926 / Ed. by Pasternak E. B., Pasternak E. V., Azadovsky K. M.; trans. by Wettlin M., Arndt W., and Gambrell J. New York: NYRB, 2001.

Источники и библиография

Азадовский 1971 — Азадовский К. М., Чертков Л. Н. Русские встречи Рильке // Ворпсведе; Огюст Роден; Письма; Стихи. М.: Искусство, 1971.

Азадовский 2011 — Рильке и Россия: Письма. Дневники. Воспоминания. Стихи / Под ред. К. М. Азадовского. М.: Новое литературное обозрение, 2011.

Альфонсов 1990 — Альфонсов В. Н. Поэзия Бориса Пастернака. Л.: Советский писатель, 1990.

Ахматова 1998 — Ахматова А. А. Примите этот дар. Стихотворения. М.: Летопись, 1998.

Барнс 2013 — Барнс Дж. Попугай Флобера. М.: Эксмо, 2013.

Бахтин 1986 — Бахтин М. М. Творчество Франсуа Рабле и народная культура средневековья и ренессанса. Orange, CT: Antiquary, 1986.

Белый 1910 — Белый А. Символизм. М.: Мусагет, 1910.

Бродский 1996 — Бродский И. В тени Данте // Перевод Е. Касаткиной. Иностранная литература, №12, 1996. С. 11–17.

Бродский 1997 — Бродский о Цветаевой: Интервью, эссе. М.: Независимая газета, 1997.

Бродский 2001 — Сочинения Иосифа Бродского. 5 т. СПб.: Пушкинский Фонд, 2001.

Брюсов 1922 — Брюсов В. Я. Вчера, сегодня и завтра русской поэзии // Печать и революция. № 7. 1922.

Брюсов 1973 — Брюсов В. Я. Собрание сочинений / Под ред. П. Г. Антокольского и др. М.: Художественная литература, 1973.

Бунин 1926 — Бунин И. А. Версты // Возрождение. № 429. 5 августа 1926.

Быков 2006 — Борис Пастернак. Жизнь замечательных людей. М.: Молодая гвардия, 2006.

Быков 2015 — Быков Д. Л. Советская литература. М.: ПРОЗАиК, 2015.

Венцлова 2012 – Венцлова. Т. Собеседники на пиру. Литературоведческие работы. М.: Новое литературное обозрение, 2012.

Гаспаров 1982 — Гаспаров М. Л. Поэма воздуха Марины Цветаевой: опыт интерпретации. Труды по знаковым системам / Ученые записки Тартуского государственного университета. Т. 15. 1982.

Гёте 1975 — Гёте И.-В. Полное собрание сочинений в десяти томах. М.: Художественная литература, 1975.

Гинзбург 1977 — Гинзбург Л. Я. О психологической прозе. Л.: Художественная литература, 1977.

Гоголь 1937 — Гоголь Н. В. Полное собрание сочинений в 14 томах. Т. 8. М.: Изд. Академии наук СССР, 1937–1952.

Горлов 1924 — Горлов Н. О футуристах и футуризме (по поводу статьи тов. Троцкого) // ЛЕФ. № 4. Август — декабрь 1924. С. 6–15.

Достоевский 1984 — Достоевский Ф. М. Дневник писателя. Собрание сочинений в 30 томах. Т. 26. М.: Наука, 1984.

Жолковский 1974 — К описанию смысла связного текста // Предварительные публикации. Т. 5. № 51. М.: Институт русского языка АН СССР, 1974.

Жолковский 1994 — Жолковский А. К. Экстатические мотивы Пастернака в свете его личной мифологии (Комплекс Иакова/Актеона/Геракла) // Жолковский А. К. Блуждающие сны и другие работы. М.: Восточная литаретура, 1994. С. 383–395.

Заславская 2021 — Заславская О. Наши Беллевю и Бельведеры: Цветаева и споры с окружающей ее эмиграцией // Материалы сборника конференции «Той России — нету. — Как и той меня». Эмигрантский период жизни и творчества М. И. Цветаевой. Русская эмиграция между двумя мировыми войнами. XXI Международная научная конференция (22–24 сентября, Королёв — Москва, 2018). М.: Дом-музей М. Цветаевой, 2021. С. 11–23.

Зубова 1985 — Зубова Л. В. Традиции стиля «плетение словес» у Марины Цветаевой («Стихи к Блоку», 1916–1921 гг., «Ахматовой», 1916 г.) // Вестник Ленинградского университета. 1985. № 9. С. 47–52.

Лермонтов 1964 — Лермонтов М. Ю. Собрание сочинений в четырех томах. Т. 1. М.: Изд. Академии наук СССР, 1964.

Локс 1990 — Локс К. Г. Повесть об одном десятилетии // Вопросы литературы. Т. 2. 1990. С. 5–29.

Лотман 1975 — Лотман Ю. М. Декабрист в повседневной жизни. Литературное наследие декабристов. Л.: Наука, 1975.

Лотман 1994 — Лотман Ю. М. Беседы о русской культуре. СПб.: Искусство-СПБ, 1994.

Мандельштам 1990 — Мандельштам О. Э. Сочинения в двух томах. М.: Художественная литература, 1990.

Маяковский 1961 — Маяковский В. В. Как делать стихи. Полное собрание сочинений в 13 томах. Т. 12. М.: Художественная литература, 1961.

Мережковский 1906 — Мережковский Д. С. Вечные спутники: Пушкин. СПб.: Изд. М. В. Пирожкова, 1906.

Набоков 1996 — Набоков В. В. Лекции по русской литературе. М.: Независимая газета, 1996.

Павлович 1964 — Блоковский сборник. Труды научной конференции, посвященной изучению жизни и творчества А. А. Блока. Т. 1. / Под. ред. Н. Павлович. Тарту: Тартусский государственный университет, 1964.

Пастернак 1989 — Пастернак Е. Б. Борис Пастернак: материалы для биографии. М.: Советский писатель, 1989.

Пастернак 2004 — Пастернак Б. Л. Полное собрание сочинений в 11 томах. М.: Слово, 2004.

Поливанов 1992 — Поливанов К. М. Марина Цветаева в романе Бориса Пастернака «Доктор Живаго»: несколько параллелей // De Visu. № 0. 1992. С. 52–58.

Полякова 1983 — Полякова С. В. Закатные оны дни: Цветаева и Парнок. Ann Arbor: Ardis, 1983.

Пушкин 1977–1979 — Пушкин А. С. Полное собрание сочинений в 10 томах. 4-е изд. Л.: Наука, 1977–1979.

Разумовская 1983 — Разумовская М. А. Марина Цветаева: миф и действительность. London: Overseas Publ. Interchange, 1983.

Рильке 1971 — Рильке Р.-М. Элегия / Перевод В. Микушевича // Р.-М. Рильке. Ворпсведе, Огюст Роден, Письма, Стихи. Moscow: Искусство, 1971.

Рильке 2002 — Рильке Р.-М. Дуинские элегии. 1912–1922 / Перевод В. Микушевича. München — Москва: Im Werden-Verlag, 2002.

Рильке 2002а — Рильке Р.-М. Сонеты к Орфею / Перевод З. Миркиной. М. — СПб.: Летний сад, 2002.

Рильке 2003 — Рильке Р.-М. Прикосновение. Сонеты к Орфею. Из поздних стихотворений. М.: Текст, 2003.

Рильке 2021 — Рильке Р.-М. Die Aufzeichnungen des Malte laurids Brigge. Записки Мальте Лауридса Бригге. Перевод Е. Суриц. Москва: Рипол Классик, 2021.

Розанов 1917 — Розанов В. В. Апокалипсис нашего времени. Сергиев Посад, 1917–1918.

Слоним 1983 — Слоним М. Л. О Марине Цветаевой // Цветаева М. Стихотворения и поэмы в пяти томах. Т. 3. Нью-Йорк: Russica, 1983.

Слоним 1992 — Слоним М. Л. Марина Цветаева // Русская мысль. № 3950. 16 октября 1992.

Смирнов 1926 — Смирнов Н. На том берегу. Заметки об эмигрантской литературе // Новый мир. Т. 6. 1926.

Соловьев 2000 – Соловьев В. Чтения о богочеловечестве. М.: Рипол-Классик, 2020.

Стеклов 1928 — Стеклов Ю. М. Н. Г. Чернышевский. Т. 2. М.; Л.: Госиздат, 1928.

Струве 1984 — Струве Г. П. Русская литература в изгнании: опыт исторического обзора зарубежной литературы. Paris: YMCA Press, 1984.

Таубман 2000 — Таубман Дж. «Живя стихами...». Лирический дневник Марины Цветаевой. М.: Дом-музей М. Цветаевой, 2000.

Томашевский 1923 — Томашевский Б. В. Литература и биография // Книга и революция. 1923. № 4.

Тынянов 1978 — Тынянов Ю. Н. Блок и Гейне. Letchworth: Prideaux Press, 1979.

Фарыно 1981 — Фарыно Е. Из заметок по поэтике Цветаевой // Lampl H., Hansen-Löve H., eds. Marina Cvetaeva: Studien und Materialien. Vienna: Wiener Slawistischer Almanach (Sonderband 3), 1981. S. 29–47.

Фарыно 1985 — Мифологизм и теологизм Марины Цветаевой: Магдалина, Царь-Девица, Переулочки. Vienna: Wiener Slawistischer Almanach (Sonderband 18), 1985.

Фарыно 1989 — Фарыно Е. Поэтика Пастернака. Vienna: Wiener Slawistischer Almanach (Sonderband 22), 1989.

Флейшман 1977 — Флейшман Л. С. Статьи о Пастернаке. Bremen: K-Presse, 1977.

Флейшман 1981 — Флейшман Л. С. Борис Пастернак в двадцатые годы. München: Wilhelm Fink, 1981.

Фрейд 2013 — Фрейд З. Неудобства культуры. СПб.: Азбука-Классика, 2013.

Фрейд 2018 — Фрейд З. «Я» и «Оно». М.: Э, 2018.

Фрейдин 1991 — Фрейдин Г. М. Сидя на санях: Осип Мандельштам и харизматическая традиция русского модернизма // Вопросы литературы. № 1. 1991.

Фрэнк 2007 — Фрэнк Дж. Пространственная форма в современной литературе. М.: Директ-Медиа, 2007.

Цветаева 1983 — Воспоминания. 3-е изд. М.: Советский писатель, 1983.

Цветаева 1988 — Цветаева М. И. Театр / Вступ. ст. П. Антокольского; сост., подгот. текста и коммент. А. Эфрон и А. Саакянц. М.: Искусство, 1988.

Цветаева 1990 — Цветаева М. Стихотворения и поэмы. Л.: Советский писатель, 1990.

Цветаева 1994 — Цветаева М. И. Собрание сочинений в 7 т. Москва: Эллис Лак, 1994.

Чудакова 1992 — Чудакова М. О. Глядя и вспоминая // Русская мысль. № 3946. 18 сентября 1992.

Швейцер 2002 — Швейцер В. А. Быт и бытие Марины Цветаевой. ЖЗЛ. М.: Молодая Гвардия, 2002.

Шевеленко 2002 — Шевеленко И. Д. Литературный путь Цветаевой. М.: Новое литературное обозрение, 2002.

Шелли 1998 — Шелли П. Б. Избранные произведения: стихотворения, поэмы, драмы, философские этюды. М.: Рипол Классик, 1998.

Эйхенбаум 1987 — Эйхенбаум Б. М. О литературе. М., 1987.

Эткинд 2016 — Эткинд А. М. Эрос невозможного. История психоанализа в России. М.: Класс, 2016.

Эфрон 1989 — Эфрон А. О Марине Цветаевой: воспоминания дочери. М.: Советский писатель, 1989.

Якобсон 1975 — Якобсон Р. О. О поколении, растратившем своих поэтов. Смерть Владимира Маяковского / Ред. Якобсон А. О., Свято-полк-Мирский Д. П. The Hague: Mouton, 1975.

Achilli 2013 — Achilli A. The Lyrical Subject as a Poet in the Works of M. Cvetaeva, B. Pasternak, and R. M. Rilke // Studi Slavistici. Vol. X. 2013.

Arnim 1992 — von Arnim, B. Goethes Briefwechsel mit einem Kinde. Frankfurt am Main: Deutscher Klassiker Verlag, 1992.

Asadowski 1986 — Asadowski, K., ed. Rilke und Russland: Briefe, Erinnerungen, Gedichte. Berlin and Weimar: Aufbau-Verlag, 1986.

Aucouturier 1970 — Aucouturier M. The metonymous hero in short stories by Boris Pasternak // Books Abroad. Vol. 44. № 2. Spring 1970.

Aucouturier 1979 — Aucouturier M. Об одном ключе к «Охранной грамоте» // Michel Aucouturier, ed. Boris Pasternak: 1890–1960. Paris: Institut d'Études Slaves, 1979.

Barnes 1972 — Barnes C. Boris Pasternak and Rainer Maria Rilke: Some Missing Links // Forum for Modern Language Studies. Vol. 8. 1972.

Barnes 1986 — Barnes C. Boris Pasternak. The Voice of Prose. New York: Grove, 1986.

Barnes 1989 — Barnes C. Boris Pasternak: A Literary Biography. Vol. 1. New York: Cambridge University Press, 1989.

Barthes 1975 — Barthes R. Mythologies. New York: Hill and Wang, 1975.

Barthes 1987 — Barthes R. A Lover's Discourse. Trans. Richard Howard. New York: Hill and Wang, 1987.

Bassermann 1957 — Basserman D. Der Andere Rilke. Gesammelte Schriften aus dem Nachlass / Herman Morchen, ed. Bad Homburg: Hermann Gentner, 1957.

Bodin 1990 — Bodin P. A. Boris Pasternak and the Christian Tradition // Forum for Modern Language Studies. Vol. 26. № 4. October 1990.

Bott 1984 — Bott M. L. Studien zum Werk Marina Cvetaevas. Frankfurt-am-Main: Peter Lang, 1984.

Boym 1991 — Boym, S. Death in Quotation Marks: Cultural Myths of the Modern Poet. Cambridge, MA: Harvard University Press, 1991.

Bradley 1980 — Bradley B. Zu Rilkes Malte Lauridds Brigge. Bern: Franke Verlag, 1980.

Brodsky J. 1986 — Brodsky J. Less Than One: Selected Essays. New York: Farrar Strauss Giroux, 1986.

Brodsky 1980 — Brodsky P. P. On daring to be a poet: Rilke and Marina Cvetaeva // Germano-Slavica. № 4. Fall, 1980.

Brodsky 1983 — Brodsky P. P. Objects, Poverty and the Poet in Rilke and Cvetaeva // Comparative Literature Studies. Vol. 20. № 4. 1983.

Brodsky 1984 — Brodsky P. P. Russia in the Works of Rainer Maria Rilke. Detroit: Wayne State University Press, 1984.

Brown 1973 — Brown E. J. Mayakovsky: A Poet in the Revolution. Princeton, NJ: Princeton University Press, 1973.

Chroniques 2009 — Chroniques Slaves (5). Centres d'Études Slaves Contemporaines. Université Stendhal-Grenoble 3, 2009.

Ciepiela 2006 — Ciepiela C. The Same Solitude. Ithaca, NY: Cornell University Press, 2006.

Ciepiela, Smith 2013 — Ciepiela C., Smith A. Marina Cvetaeva and Her Readers // Russian Literature. Amsterdam. May 15, 2013.

Condee 1991 — Condee N., Padunov V. "Makulakul'tura": reprocessing culture // October. Vol. 57. Summer 1991. P. 79–103.

Davies 1990 — Davies M. Eine reine Kultur des Todestriebes — Rilke's Poetry and the End of History. Rilke und der Wandel in der Sensibilität / Ed. by Herzmann H., Ridley H. Essen: Die Blaue Eule, 1990.

Davie, Livingstone 1969 — Davie D., Livingstone A., eds. Pasternak. London: Macmillan, 1969.

De Man 1979 — De Man P. Tropes (Rilke) // Allegories of Reading: Figural Language in Rousseau, Nietzsche, Rilke and Proust. New Haven: Yale University Press, 1979.

Dinega 2001 — Dinega A. G. A Russian Psyche: The Poetic Mind of Marina Tsvetaeva. Univ. of Wisconsin Press, 2001.

Durkheim 1915 — Durkheim E. Elementary Forms of religious life. New York: The Free Press, 1915.

Efimov 1998 — Critical Essays on the Prose and Poetry of Modern Slavic Women / Ed. by Nina A. Efimov, Christine Tomei, and Richard Chapple. Lewiston, New York: The Edwin Mellen Press, 1998.

Engel 1986 — Engel M. Rainer Maria Rilkes 'Duineser Elegien' und die moderne deutsche Lyrik: Zwischen Jahrhundertwende und Avantgarde. Stuttgart: Metzler, 1986.

Epp 1984 — Epp G. Rilke und Russland // European University Studies. Ser. 1. German Language and Literature. Vol. 726. Frankfurt-am-Main: Peter Lang, 1984.

Erlich 1964 — Erlich V. The Double Image: Concepts of the Poet in Slavic Literatures. Baltimore: John Hopkins, 1964.

Erlich 1978 — Erlich V. Pasternak: A Collection of Critical Essays. Englewood Cliffs, NJ: Prentice Hall, 1978.

Exner 1983 — Exner R., Stipa I. Mit-spielerin — Gefühlin — Übertrefferin: zum androgynen Schaffensprozess im späten Rilke // Blätter der Rilke-Gesellschaft. Vol. 10. 1983.

Fleishman 1989 — Boris Pasternak and His Times. Selected Papers from the Second International Symposium on Pasternak / Ed. by L. Fleishman. Berkeley, CA: Berkeley Slavic Specialties, 1989.

Fleishman 1990 — Fleishman, L. Boris Pasternak: The Poet and His Politics. Cambridge, MA: Harvard University Press, 1990.

Forrester 1992 — Forrester S. Bells and cupolas: the formative role of the female body in Marina Tsvetaeva's poetry // Slavic Review. Vol. 51. № 2. Summer 1992. P. 232–246.

Forrester 2017 — Forrester S., ed. A Companion to Marina Tsvetaeva: Approaches to a Major Russian Poet. Leiden: Brill, 2017.

Foucault 1969 — Foucalt M. L'Archéologie du Savoir. Paris: Gallimard, 1969.

Frank 1982 — Frank J. Spatial Form in Modern Literature // The Avant-Garde Tradition in Literature / Ed. by Kostelanetz R. Buffalo, NY: Prometheus Books. 1982. P. 43–77.

Freiberger-Sheikholeslami 1973 — Freiberger–Sheikholeslami E. Der Deutsche Einfluss im Werke von Boris Pasternak. Diss., University of Pennsylvania, 1973.

Freidin 1987 — Freidin G. A Coat of Many Colors: Osip Mandelstam and His Mythologies of Self-Presentation. Berkeley: University of California Press, 1987.

Freud 1960 — Freud S. The Ego and the Id / Trans. by Joan Riviere; ed. by James Strachey. New York: W.W. Norton & Company, 1960.

Freud 1961 — Freud S. Civilization and Its Discontents / Trans. and ed. by James Strachey. London: W. W. Norton, 1961.

Freud 1965 — Freud S. Revision of Dream Theory. New Introductory Lectures on Psychoanalysis / Trans. and ed. by Strachey J. New York: W. W. Norton, 1965.

Friedrich 1956 — Friedrich H. Die Struktur der Modernen Lyrik. München: Rowohlt, 1956.

Frye 1973 — Frye N. Anatomy of Criticism. Princeton, NJ: Princeton University Press, 1973.

Furness 1990 — Furness R. Rilke and Expressionism. Rilke und der Wandel in der Sensibilität / Ed. by Herzmann H., Ridley H. Essen: Die Blaue Eule, 1990.

Gasparov 1992 — Gasparov B. The 'Golden Age' and Its Role in the Cultural Mythology of Russian Modernism // Cultural Mythologies of Russian Modernism: From the Golden Age to the Silver Age. Berkeley: University of California Press, 1992.

Geertz 1983 — Geertz C. Local Knowledge. New York: Basic Books, 1983.

Grossman 1985 — Grossman J. D. Valery Bryusov and the Riddle of Russian Decadence. Berkeley: University of California Press, 1985.

Hamilton 1940 — Edith Hamilton. Mythology. New York: Little, Brown & Co., 1940.

Harris 1990 — Harris J., ed. Autobiographical Statements in Russian Literature. Princeton: Princeton University Press, 1990.

Hasty 1980 — Hasty O. P. Cvetaeva's Encounter with Rilke. Diss. Yale University, 1980.

Hasty 1983 — Hasty O. P. 'Your Death' — The Living Water of Cvetaeva's Art // Russian Literature. Vol. 13. 1983.

Hasty 1986 — Multiplicity of perspective as metaphor for poetic creation in Pasternak's «Определение поэзии» и «Определение творчества» // Slavic Lit. Vol. 34. 1986.

Hasty 1986a — Hasty O. P. Tsvetaeva's onomastic verse // Slavic Review. 1986.

Hasty 1996 — Hasty O. P. Tsvetaeva's Orphic Journeys in the Worlds of the Word. Evanston, IL: Northwestern University Press, 1996.

Hingley 1983 — Hingley R. Pasternak: A Biography. New York: Alfred A. Knopf, 1983.

Horowitz 1996 — Horowitz B. The Myth of A. S. Pushkin in Russia's Silver Age: M. O. Gershenzon, Pushkinist. Evanston, IL: Northwestern University Press, 1996.

Hughes 1971 — Hughes O. Pasternak and Cvetaeva: History of a friendship // Vestnik (Le Messager). № 100. 1971. P. 219–221.

Ingold 1979 — Ingold F. M. I. Cvetaevas Lese- und Verstandnishilfen für R. M. Rilke: Unbekannte Marginalien zu 'Stikhi k Bloku' und 'Psixeja' // Die Welt der Slawen. Vol. 24. № 4. 1979.

Jacobson 1973 — Jacobson R. The newest Russian poetry. Major Soviet Writers / Trans. and. ed. by Brown E. New York: Oxford University Press, 1973.

Karlinsky 1966 — Karlinsky S. Marina Tsvetaeva: Her Life and Art. Berkeley: Univ. of California Press, 1966.

Karlinsky 1985 — Karlinsky S. Marina Tsvetaeva: The Woman, Her World and Her Poetry. Cambridge: Cambridge University Press, 1985.

Kristeva 1984 — Kristeva J. Revolution in Poetic Language / Trans. by Waller M. New York: Columbia University Press, 1984.

Kristeva 1987 — Kristeva J. Soleil noir: Dépression et mélancholie. Paris: Gallimard, 1987.

Kroth 1979 — Kroth A. Androgynyas an exemplary feature of Marina Tsvetaeva's dichotomous poetic vision // Slavic Review. 1979. P. 563–582.

Kroth 1981 — Kroth A. Toward a new perspective on Marina Tsvetaeva's poetic world // Lampl H., Hansen-Love H., eds. Marina Cvetaeva: Studien und Materialien. Vienna: Wiener Slawistischer Almanach (Sonderband 3), 1981. P. 5–28.

Lentricchia, McLaughlin 1988 — Lentricchia F., McLaughlin Th., eds. Critical Terms for Literary Study. Chicago: University of Chicago Press, 1988.

Leppman 1984 — Leppman W. Rilke: A Life / Trans. by Stockman R. and Leppman W. New York: Fromm International, 1984.

Lischer 2010 — Lischer, M. Korrespondenz À Trois: Boris Pasternak, Marina Zwetajewa und Rainer Maria Rilke unterhalten einen intensiven Briefkontakt. Das Germanistikmagazin der Universität Zürich (#27 Frühling), 2010.

Livingstone 1983 — Livingstone A. Some affinities in the prose of the poets Rilke and Pasternak // Forum for Modern Language Studies. Vol. 19. 1983.

Livingstone 1985 — Livingstone A. Pasternak on Art and Creativity. Cambridge: Cambridge University Press, 1985.

Loseff 1991 — Loseff L., ed. Boris Pasternak — Norwich Symposium 1990. Northfield, VT: Russian School of Norwich University, 1991.

Lossky, de Proyart 2002 — Lossky V., Jacqueline de Proyart, ed. Marina Tsvétaeva et La France. Moscow. Paris: Russkii Put́, Institut d'Études Slaves, 2002.

Lotman 1985 — Lotman Yu. The poetics of everyday behavior in eighteenth century Russian culture. The Semiotics of Russian Cultural History / Ed. by Alexander Nakhimovsky and Alice Stone Nakhimovsky. Ithaca, NY: Cornell University Press, 1985.

Markov 1968 — Markov V. Russian Futurism: A History. Berkeley: University of California Press, 1968.

Markuse 1964 — Marcuse H. One-Dimensional Man. Boston: Beacon Press, 1964.

Mason 1963 — Mason E. Rilke. Edinburgh: Oliver and Boyd, 1963.

Mattenklott 1988 — Mattenklott G. Der geistige Osten bei Rilke und Kassner // Blätter der Rilke-Gesellschaft. Vol. 15. 1988.

Morson, Emerson 1989 — Morson G., Emerson C., eds. Rethinking Bakhtin: Extensions and Challenges. Evanston, IL: Northwestern University Press, 1989.

Mossman 1968 — Mossman E. The Prose of the Poet Pasternak. Diss. Princeton University, 1968.

Murav 1992 — Murav H. Holy Foolishness: Dostoevsky's Novels and the Poetics of Cultural Critique. Stanford: Stanford University Press, 1992.

Nietzsche 1964 — Nietzsche F. Götzen-Dämmerung oder wie man mit dem Hammer philosophiert // Gesammelte Werke. Vol. 10. Münich: W. Goldmann, 1964.

Nilsson 1976 — Nilsson N., ed. Boris Pasternak: Essays // Stockholm Studies in Russian Literature. Vol. 7. Stockholm: Almqvist & Wiksell, 1976.

Novalis 1929 — Fragmente. Novalis Schriften / Ed. by Kluckhohn P. and Samuel R. Vol. 2. Leipzig: Bibliographisches Institut, 1929.

Ortega 1985 — Ortega y Gasset, J. The Revolt of the Masses. Notre Dame, IN: University of Notre Dame Press, 1985.

Paperno 1994 — Paperno I. Nietzscheanism and the return to Pushkin in twentieth century culture (1899–1937) // Bernice Glatzer Rosenthal, ed.

Nietzsche's Influence on Soviet Culture: Ally and Adversary. New York: Cambridge University Press, 1994.

Paperno, Grossman 1994 — Paperno I., Grossman J. D., eds. Creating Life: The Aesthetic Utopia of Russian Modernism. Stanford, CA: Stanford University Press, 1994.

Paz 1991 — Paz O. Poetry and the Free Market // New York Times Book Review. December 8, 1991.

Prater 1986 — Prater D. A Ringing Glass: The Life of Rainer Maria Rilke. Oxford: Oxford University Press, 1986.

Rayevsky Hughes 1971 — Rayevsky Hughes, O. Pasternak and Cvetaeva: History of a Friendship // Вестник (Le Messager). № 100. 1971.

Reinhard 1981 — Reinhard M. Sowjetrealität in der Ära Breschnew. Stuttgart: Seevald Verlag, 1981.

Rilke 1955 — R.-M. Rilke. Sämtliche Werke. Vol. 6. 1955–1966.

Rilke 1996 — R.-M. Rilke. Werke. Kommentierte Ausgabe in vier Bänden. Bd. 1: Gedichte 1895–1910. Hg. von Manfred Engel und Ulrich Fülleborn. Frankfurt/M., Leipzig: Insel 1996.

Roll 1990 — Roll S. De-Historicising the Self: Boris Pasternak's 'Safe Conduct' and Osip Mandel'shtam's 'The Egyptian Stamp' // Forum for Modern Language Studies. Vol. 26. № 3. July 1990. P. 240–249.

Salis 1964 — Salis J. R. Rainer Maria Rilke: The Years in Switzerland. Berkeley: University of California Press, 1964.

Salome 1898 — Salome (Andreas) L. Leo Tolstoi, unser Zeitgenosse // Neue Deutsche Rundschau. Vol. 10. № 11. 1898.

Sandler 1990 — Sandler S. Embodied Words: Gender in Cvetaeva's Reading of Pushkin // SEEJ. Vol. 34. № 2. Summer 1990. P. 139–155.

Schwarz 1981 — Schwarz E. Poetry and Politics in the Works of Rainer Maria Rilke. New York: Frederick Ungar, 1981.

Schweitzer 1963 — Schweitzer R. Freundschaft mit Boris Pasternak. Vienna: K. Desch, 1963.

Schweitzer 1994 — Marina Tsvetaeva: One Hundred Years / Ed. by V. Schweitzer. Berkeley, CA: Berkeley Slavic Specialties, 1994.

Shils 1975 — Shils E. Center and Periphery: Essays in Macrosociology. Chicago: University of Chicago Press, 1975.

Simenauer 1953 — Simenauer E. Rainer Maria Rilke: Legende und Mythos. Frankfurt/M: Schauinslandvlg, 1953.

Smith 2006 — Smith A. Pushkin and Visions of Modernity in Russian Twentieth-Century Poetry. Amsterdam-New York: Rodopi, 2006.

Smolitsch 1953 — Smolitsch I. Russisches Mönchtum: Entstehung, Entwicklung und Wesen, 988–1917. Würzburg: Augustinus-Verlag, 1953.

Special Issue 2009 — Special Issue: Poetry and Poetics. Russian Literature. Amsterdam: Elsevier, №1, 2009.

Spender 1984 — Spender S. Introduction // Rainer Maria Rilke. The Notebook of Malte Laurids Brigge. Oxford: Oxford University Press, 1984. P. 5–19.

Struve 1971 — Struve G. Russian Literature under Lenin and Stalin, 1917–1953. Norman, O.K.: University of Oklahoma Press, 1971.

Taubman 1988 — Taubman J. A Life Through Poetry: Marina Tsvetaeva's Lyric Diary. Ohio: Slavica. 1988.

Tavis 1993 — Tavis A. Russia in Rilke: Rainer Maria Rilke's correspondence with Marina Tsvetaeva // Slavic Review. Vol. 52. № 3. Fall 1993.

Tavis 1994 — Tavis A. Rilke's Russia: A Cultural Encounter. Evanston, IL: Northwestern University Press, 1994.

Thomson 1989 — Thomson R. D. B. Cvetaeva and Pasternak 1922–1924. Boris Pasternak and His Times. Selected Papers from the Second International Symposium on Pasternak / Ed. by Fleishman L. Berkeley: Berkeley Slavic Specialties, 1989.

Todd 1987 — Todd III W. M. Fiction and Society in the Age of Pushkin: Ideology, Institutions, and Narrative. Cambridge, MA: Harvard University Press, 1987.

Tomashevsky et al. 1971 — Tomashevsky B., Matejka L., Pomorska K. (ed.). Literature and Biography. Readings in Russian Poetics: Formalist and Structuralist Views. Cambridge: MIT Press, 1971.

Tsvetaeva 1991 — Marina Tsvetaeva, Selected Poems. Newcastle upon Tyne: Bloodaxe Books, 1991.

Vitins 1977 — Vitins E. Escape from Earth: A Study of Cvetaeva's Elsewheres // Slavic Review. Vol. 651. 1977.

Vitins 1987 — Vitins E. The structure of Marina Cvetaeva's «Провода»: from Eros to Psyche // Russian Lit. Journal. Vol. 41. № 140. 1987. P. 143–156.

Wachtel 2004 — Wachtel M. The Cambridge Introduction to Russian Poetry. Cambridge: Cambridge University Press, 2004.

Waters 2003 — Waters W. Poetry's Touch: On Lyric Address. Ithaca and London: Corness University Press: 2003.

Weber 1968 — Max Weber. On Charisma and Institution Building. Chicago: University of Chicago Press, 1968.

Zaslavsky 1995 — Tsvetaeva, Pasternak, Rilke: In Defense of Poetry. Diss., University of Pennsylvania, 1995.

Zaslavsky 1998 — Zaslavsky O. In Defense of Poetry: Cvetaeva's Poetic Wires to Pasternak / Ed. by Efimov N. et. al. Lewiston, NY: The Edwin Mellen Press, 1998.

Zaslavsky 2009 — Zaslavsky O. Empathic Attunement: Cvetaeva's and Pasternak's Literary Tributes to Rilke. Russian Literature. Vol.48. Amsterdam, 2009.

Zaslavsky 2009a — Поэтический «треугольник» Цветаевой, Пастернака и Рильке: оценка в России и на Западе // Chroniques Slaves. Vol. 5. Centres d'Études Slaves Contemporaines. Université Stendhal-Grenoble 3, 2009.

Zaslavsky 2010 — The Diaries of Georgy Efron, August 1942–1943 (The Tashkent Period), with a preface by Veronique Lossky. Lewiston, New York: The Edwin Mellen Press, 2010.

Ziolkowski 1980 — Ziolkowski T. The Classical German Elegy, 1795–1950. Princeton: Princeton University Press, 1980.

Zweig 1947 — Zweig S. Die Welt von Gestern: Erinnerungen eines Europäers. Stockhold: Bermann-Fischer, 1947.

Указатель имен

Оглавление

Научное издание

Ольга Заславская
ПОЭТЫ О ПОЭТАХ
Эпистолярное и поэтическое общение
Цветаевой, Пастернака и Рильке

Директор издательства *И. В. Немировский*
Ответственный редактор *И. Белецкий*
Куратор серии *К. Тверьянович*
Заведующая редакцией *О. Петрова*

Дизайн *И. Граве*
Редактор *Е. Ревунова*
Корректоры *А. Филимонова, И. Манлыбаева*
Верстка *Е. Падалки*

Подписано в печать 25.04.2023.
Формат издания 60 × 90 $^1/_{16}$. Усл. печ. л. 12,4.
Тираж 300 экз.

Academic Studies Press
1577 Beacon Street, Brookline, MA 02446 USA
https://www.academicstudiespress.com

ООО «Библиороссика».
190005, Санкт-Петербург, 7-я Красноармейская ул., д. 25а

Эксклюзивные дистрибьюторы:
ООО «Караван»
ООО «КНИЖНЫЙ КЛУБ 36.6»
http://www.club366.ru
Тел./факс: 8(495)9264544
e-mail: club366@club366.ru

Книги издательства можно купить
в интернет-магазине: www.bibliorossicapress.com
e-mail: sales@bibliorossicapress.ru

12+

Знак информационной продукции согласно
Федеральному закону от 29.12.2010 № 436-ФЗ